周振鹤 作品

行不由径

周振鹤演讲访谈录

人民东方出版传媒

东方出版社

图书在版编目（CIP）数据

行不由径：周振鹤演讲访谈录 / 周振鹤著. —北京：东方出版社，2018.4
ISBN 978-7-5207-0067-2

Ⅰ.①行… Ⅱ.①周… Ⅲ.①社会科学—文集 Ⅳ.①C53

中国版本图书馆 CIP 数据核字（2017）第330643号

行不由径：周振鹤演讲访谈录
（XING BU YOU JING: ZHOUZHENHE YANJIANGFANGTANLU）

- -

作　　者：周振鹤
策　　划：陈　卓
责任编辑：张永俊
出　　版：东方出版社
发　　行：人民东方出版传媒有限公司
地　　址：北京市东城区东四十条113号
邮　　编：100007
印　　刷：北京联兴盛业印刷股份有限公司
版　　次：2018年4月第1版
印　　次：2018年4月第1次印刷
开　　本：787毫米×1092毫米　1/32
印　　张：9
字　　数：140千字
书　　号：ISBN 978-7-5207-0067-2
定　　价：48.00元
发行电话：（010）85924663　85924644　85924641

- -

小序

《论语·雍也》载：子游为武城宰。子曰："女得人焉尔乎？"曰："有澹台灭明者，行不由径，非公事，未尝至于偃之室也。"

"行不由径"一语因为不是子曰，而是子游曰，所以不大有人提起，甚至注意的人也不多。尤其是在这世界上，无论中外古今，凡是教人行不由径者，大概会被看成"戆大"。走路抄小道始终被人看作聪明的标志，至于因私事找官员请托不是这世间日日在进行中的事体吗？所以当孔二先生问他的学生子游——正做着武城一地的首脑——在当地发现有什么人才时，子游提到一个名叫澹台灭明的——活脱一个怪人的名字，没有公事，绝不上他这个父母官的门。这样的表现就叫行不由径。如果人人如此，子游就不会提出来说了。可见私事请托，走路抄近道乃是古已有之，而且是普遍现象。如澹台灭明者，稀罕动物也。《论语》这本书好像也可以倒过来读，本来是在提倡正能量的，却让人看出了当时负能量的普遍。

但是特立独行者总归让人仰慕，日本的诸桥辙次就很欣赏"行不由径"的高风，他把这种精神转化为编辑《汉和大词典》的力量，从不投机取巧，孜孜矻矻花了几十年功夫，终于编成了一部世界上收录汉字数量最多的词典。我这一生始终没有达到这样的档次，做过的最大的事也不过是邀集二十来位志同道合者，前后花了二十年，合作出了一部《中国行政区划通史》，这个经过在本书所收的最新一篇访谈里说了半个大概——因为报纸篇幅有限。

要是没有访谈，倒也不会特意去写一篇专门的记述文章。所以访谈也有点记述文的作用。但访谈往往"说过算数"，从来没有想要结集出版。只是受着陈卓编辑的鼓动，而且加上长年——真是长年，我认识他六年了，无时无刻不在催我结随笔的集，结访谈的集——累月的催促，所以总算下了狠心，将不适合结集的访谈也结了集。有些访谈翻出来一看，自己大吃一惊——我竟然说过那样一些幼稚的话？但上海话说"说过算数"，白纸黑字，改也不能改，只能出乖露丑，让读者笑话了。

陈卓要我写一篇小序，至少八百字，我刚才算了一下，已经超过这个数了，就打住吧。

目录

下辑　访谈

上辑 | 演讲

东西徘徊与南北往复

——中国历史上五大都城定位的政治地理因素

今天我想跟大家探讨一下中国历史上主要都城定位的问题。定位就是指首都应该确定在全国范围内的哪一个地理位置或者说区位上。从宏观方面讲，这个位置必须是最有利的，其他地点都不如它。从微观方面讲，这个地点的地理环境又适宜建设都城。前贤今哲对中国古都的研究已有许多成果，我在这里想换一个角度，从政治地理背景来思考这一问题。

中国古代一统王朝与分裂时期以及近现代的首都，主要都设在下面这五个城市或其附近，即西安、洛阳、北京、南京与开封。如果从地理位置与历史发展而言，这五个城市可以分成两组：东西向的西安、洛阳与开封，南北向的北京与南京。这两组首都所占历史时期也正好明显地分开：前一组占据了前大半段历史，后一组则占据了后小半段历史。再仔细一点分析，每一组的定都过程及其变迁都出现过往复徘徊现象。也就是说，在一段时期里同时存在两个地点都适宜建都的情况，难有绝对的取舍，于是首都经常在这两个地方来回搬迁，这种搬迁不仅发生于王朝变更之后，有时在一个朝代里也存在短时迁移或两都并建的情况。仔细点说，在从西周到唐代长达 2000 年的时间里，西安与洛阳都是适宜建都的地方，所以首都在两地之间徘徊搬迁多次。从唐末到北宋的 200 年间，则是洛阳与开封的徘徊时期，这可以算作一个短短的间奏曲。而大致从金朝至今则是从北京到南京的往复时期，这一时期也长达 800 年，因为与当代相关联，更显其重要。*

---

* 在以下叙述中，为了行文方便起见，虽然洛阳一度改称过雒阳，也仍称洛阳，不加区分。又西汉建都长安以后，历代建都于其附近的都城也都习称长安（在诗文中甚至将长安作为首都的代用词），所以行文中也经常有西安与长安的交叉，希读者亮察。

从政治地理角度来看，适宜建都的地点一般有几个层次的考虑，其中有两个层次最为要紧：一是在全国领土范围内的地理区位；二是建都地点本身的地理环境，包括自然条件与人文基础。第一层次又分为两方面，一是选择全国的地理中心或是有利于控内御外的位置，二是与统治集团的发源地是否相近的原则。

以地理中心为首都的思想可以说是最简单的思路。唐代以前中国的政治经济重心在黄河流域，比较大范围的"天下之中"就在三河地区，从政治地理上来说就是所谓核心区。而从三河缩小到一个地点的"天下之中"则是洛阳。所以，从西周到唐代，都有在洛阳建都的事实或打算。虽然王朝领土范围的中心位置是建都的理想位置，但有时却不一定是最合适的现实位置。因为除了理想以外，政治军事经济因素都起着实际的作用。为了王朝的长治久安，一方面要控制内部的敌对势力，另一方面要抵御外部的侵略行为。在这种考量下，首都就可能设在有所偏向的位置而不是地理中心。具体而言，在唐代以前，适合这一要求的是西安一带。西安所处的关中平原，对山东地区（即崤山以东黄河下游地区）而言是居高临下，起着明显的控制作用。而这一地区又有四塞之固的地理优势，即使控制不了东方，也能据险保守独立。洛阳则没有这个优势，万一四方叛乱，则难以保全国家政权。这是控内。而对于御外而言，由于唐朝以前，中原王朝的主要外敌威胁来自西北，对于强盛王朝而言，首都偏于西北有利抗敌自保。到了宋以后的外患则来自正北或东北，所以首都的定位也要受到影响而发生变迁。

另一个与地理中心有矛盾的因素是政治根据地——王朝时代称为"龙兴之地"。一般而言，统治集团都力图将首都定在与自己起家的政治根据地不远的地方，这个因素十分重要，周秦隋唐如此，辽金元清亦无不如此。甚至后梁的朱温，明太祖与明成祖（各选择不同地点），中华民国时期的南京国民政府，概莫能外。甚至连割据江东的孙吴政权也有"宁饮建业水，不食武昌鱼"的说法。

在以上因素之外，首都所在地的经济地理条件也有一定的重要性。虽然首都地区的粮食与其他用品可以从全国调配，但粮食供应却要有最基本的保证，于是都城所在地区要求有一块能生产粮食的平原。在以上所说的五大都城中，都有这一优势。与经济地理相关的则是交通条件，首都必须位于交通枢纽处，这样既有利于对全国的政治控制，又可以保证对首都的经济供应。

以上这些条件既互相补充，又互相制约。于是中国的都城，尤其是统一王朝时期，就会出现这样两种情况：一、很难有一个地方完全满足这些条件，既然如此，就会产生某一时期在两个地方徘徊建都的情况；二、在长达3000年时间里主要的都城实际上很少，唐以前只有西安与洛阳，开封只是一个补充。金以后至今主要就是北京，南京只是一种权宜。以下让我们以历史事实来详细分析上述结论。

二

周的先人为了向东开拓，其政治中心从关中西部不断向东迁移，到周文王终于定于丰（在今西安以西沣水西岸）。这时的周还只是商王朝的一个诸侯国，随后的武王将政治中心迁到与丰隔水相望的镐。不久，武王伐纣，周取代商朝，统治了中原地区。当周武王君临天下的时候，镐京作为首都就显得过于偏西，洛阳一带处于中原地区的中心位置，建都的地理条件优越。武王有在洛阳建都的想法，但终西周之世，正式都城一直在镐京未迁，原因有三：一是关中自然条件好，粮食供应充足；二是离前敌较近，在国家强盛时有利于抵御，而且关中是四塞之地，有险可守；三是与周人之发源地相近，有政治上的后盾。但也有一个重要缺点，即在地理上不是全国中心，治理不便。所以到了东周王权衰落，抵御外敌力量削弱时，就不得不将都城东迁，远离犬戎等西北民族的侵扰。洛阳处天下之中，不但对全国行政管理十分有利，而且各地贡赋的调集、商贸上的往来也处于道里均衡的有利地位。但缺点是防守困难，真正打起仗来，洛阳的安全性不如西安。

所以西安与洛阳两处对于定都而言，各有利弊。也正因如此，唐以前统一王朝的都城定位，也就有了在西安与洛阳之间徘徊迁移的特点。秦始皇统一天下，建立了中国第一个中央集权王朝。秦人也一样从西边来，秦国的都城从西边到雍，再到栎阳，最后定于咸阳，就在今西安的西北面。秦国以此为基础，打败东方六国，自然也以此为统一天下后的首都。秦虽不以洛阳为陪都，但代之以秦始皇经常性地进行全国巡行活动。秦亡汉兴，仍然出现定都何处的问题，刘邦从东面而来，到了洛阳，定都于此达三四个月。这里既是天下之中，又离老家丰沛较近，他认为是合适的都城所在。后来接受娄敬、张良的建议，才西迁长安。

娄、张二人都认为，关中可以控制全国形势，靠着关中的险固与富饶，也可自我保全。以控内而言，建都关中是合理的选择。就御外的角度看，秦与西汉所面对的北面强敌是匈奴，首都建在关中有利于抗敌。秦代据之收复河套地区，深度打击了匈奴势力。汉初虽然国力不强，只能以和亲政策与匈奴周旋，但汉武帝以后，国力强盛，以关中为基地而打击匈奴于西北，取得了压倒性优势，不但建设河西五郡，疆域超越秦国，而且开辟西域地区，将今天新疆内外部分地区纳入版图之中。这时的长安就不再过于西偏，而比过去更靠近全国领土的中心了。故大致说来，若王朝进取则定都长安，守成则定都洛阳。

十六国之后统一北方的北魏，也选择洛阳作为首都。

因为其目的是要进取南朝，不可能以长安为基地。只有分裂后的西魏与北周才再次以长安为都。而东魏与北齐何以离洛阳而就邺城，道理也不难理解，只是因为胡化政策的施行，自然要使都城向北迁移，以靠近原来鲜卑的根据地。还有一个原因是洛阳离东西魏（后来的北齐北周）分界线过近，军事上不利，而且邺城实际上更靠近东魏与北齐疆土的中心。但这一搬迁为时甚短，且影响不大。隋代北周而起，自然继承了其首都长安，唐继隋立，道理相同。关陇集团的根据地在此，首都不可能东迁洛阳。但是，洛阳地处天下之中，地理区位条件实在优越，所以隋唐两代都城也免不了有长安、洛阳的徘徊。

那么，以中国之大，从西周到唐代2000年，就没有第三个可供选择之处，必得在西安与洛阳之间作取舍吗？的确如此。因为古代从整个统一王朝的疆域而言，主要部分是在黄河与长江流域。而且从有文字记载以来的历史一直到唐代，文化经济重心一直在黄河流域，这正是中国早期首都必选在黄河流域的基本原因，而在黄河流域最适宜建都的地方除西安与洛阳之外，我们的确至今不能想出有第三处。除了以上已经讲过的原因外，由于建都的时间都很长，形成了另一个重要背景，那就是这两处人文因素积淀深厚，都从西周开始便是政治中心与陪都所在，朝纲典制，衣冠威仪，积渐而下，其他地方都不能比拟。

西安洛阳东西迁移幅度虽不小，而南北位移不出纬度一度，实际上，西安、洛阳与开封几乎就在东西一条直线上，这或可以说是一条建都的东西轴线。元代大一统以前，除非偏安或其他特殊原因，统一王朝的首都必定不可能定位于长江流域，也不可能定位于中原王朝边缘的北京一带，只能在西安与洛阳之间徘徊。勉强可作为第三个选择的是开封。从唐末起，开封就是真正的政治中心，原因不是别的，而是控制了唐政权的宣武军节度使朱温驻节于此。朱温之所以强迫唐昭宗迁都洛阳，自然是便于控制。待后梁篡唐而立，就直接定都开封了。这是以自己的根据地作为首都的典型。当然还有另一个原因，即开封利用运河的漕运更加方便，于经济上有明显的好处。但是，由于洛阳长期以来是建都的理想所在，所以朱温定都开封并非一锤定音，接下来便是开封与洛阳的小徘徊期。朱温定都开封不过两年便西迁洛阳，四年后又还都开封。后唐灭梁以后，便迁都洛阳。后晋灭唐，两年后又定都开封，此后才延续至北宋不变。

但北宋建立之初，也并非一下子就确定建都开封。开宝九年（976年），宋太祖赵匡胤到洛阳巡幸，打算以之为都，但其弟赵光义与群臣都力谏阻之。赵匡胤退一步说，如果洛阳不行，那么就到长安建都。赵光义问其缘由。赵匡胤说，想"据山河之胜，以去冗兵，循周汉故事，以安天下也"。赵光义等人还是坚决反对，认为应该回到开封才是正理。这大概可以算作长安洛阳之争的一个尾声吧。

北宋以后，长安即使从理念上也永远与都城告别了。

三

魏晋南北朝分裂时期的都城建设开始有了离开长安洛阳一线而发生南北位移的现象，这可以算是后来首都偏离东西轴线之滥觞。北朝仍有建都长安洛阳之可能，南朝则只能建都于长江流域了。而在长江流域只有三个城市——即三"陵"——有建都的可能，一是秣陵（后称金陵），二是江陵，三是广陵。

广陵即今扬州，只做过西汉诸侯国吴国的都城，气势不够。要到隋代南北运河建好之后，经济地位才大有提高。江陵居长江上游（以今而言是中游），离南方最富庶的江东（今称江南）地区过远，因此东汉末年，最适宜做半壁江山首都的地方，自然非秣陵，即今南京莫属。南京既在富庶地区之内，其地理环境又前据大江，南连重岭，凭高据深，形势独胜。自诸葛亮说"金陵，钟山龙蟠，石头虎踞，帝王之宅"以后，历代帝王更加认为南京是最适合做首都的地方之一。孙权改秣陵为建业，作为吴国都城前后达 70 年之久。东晋起，又在由建业改名的建康建都，此后经南朝宋、齐、梁、陈四代不变，共作为以上六个朝代都城的时间达 330 年之久，统治长江流域与珠江流域等地域广大的半壁江山。

与此同时，今北京一带，由于地处中原边缘，长期以来还只是一个州郡级的首府而已。北京作为中原王朝的陪都以至首都，是边疆少数民族入主中原后逐渐形成的。

契丹族崛起于东北，后建立契丹国，势力逐渐进入中原。五代后晋石敬瑭把幽云十六州的土地割让给契丹，遂使契丹国的南界直到今河北中部一线。幽州政治中心即今北京，938 年，契丹改国号为辽，并改幽州为南京幽都府（后改析津府），建为陪都，又称燕京。这是今北京做辽的陪都之始，北京作为有影响的都城可以从这一年算起，比南京晚了七个世纪。后起的金、元情况大致相同，既要统治中原，不可能将首都设在民族的发祥地，但又不能离得过远。于是北京就成为最合适的地方。

北京处于华北平原的北端，从北方而下，既已进入中原，可以控扼天下，又紧紧背倚边疆民族的发源地。往北可通过燕山山地诸山口，进入蒙古草原，往东北可沿渤海边缘大路进入松辽平原，往南可经太行山山麓通道直达中原地区核心。这种形势十分理想。清人入主关内，出现的依然是辽金元的政治态势。清的龙兴之地在东北，在建立了全国性的统一王朝之后，舍北京外，没有其他更合适的地方作为首都。可以说，除西安以外，全国没有第二个城市作为首都之气势可以与北京相比。西安是以西驾东，而北京则是以北临南。唐以前，山东地区，即黄河下游地区是可以与关西抗衡的政治与经济力量所在。也就是说是东西力量的对峙。宋以后则是南北的对峙。东西对峙以西安为上，南北对峙则以北京为上，形势使然。中国首都的选择，形势是一个重要的考虑因素，是一个极为重要的传统观念。这一点有时要胜过经济中心的重要性，也要胜过天下之中的实用性。西安与北京可以说是两个最突出的以形势取胜的都城。

与金对峙的南宋按照前朝的惯例似乎应该建都南京，但宋高宗没有恢复全宋的雄图，且金兵曾南下深入长江以南甚远，故赵构宁愿躲到更偏安的杭州。这是割据南方的政权的一个例外，不去细说。应该重点述说的是南京作为全国性首都之始。就这一点而言，南京落后北京近100年。1368年，朱元璋称帝，建立明朝，以应天府即今南京为首都。这是因为南京一方面有帝王之宅的形势，另一方面离朱元璋的根据地淮西老家很近。但形成有趣对照的是，朱元璋之子朱棣从其侄子手中夺取帝位后，思路与其父完全不同，他一开始就打算迁都北京，原因可能有几方面：一、北京是其龙兴之地，他封燕王，在北京有比较牢固的政治基础；二、他的帝位按中国传统观念是篡夺而来，自然要避开嫌疑是非之地的南京；三、明朝的主要外敌是北逃的蒙古势力，建都北京有利于抗敌。但是，南京是明太祖钦定首都，永乐帝又不便立时改变，而且他的子孙想法又与他不同，并不都认同北京为首都，想要回到南京去。所以明朝前期，在北京与南京之间有过一场旷日持久的往复阶段，从明朝建立到正式定都北京经过了 70 多年时间，即使从永乐元年开始的两京制度算起，也有近 40 年之久。

明代前期北京南京之间的小往复，不但反映了选择首都的各种外在因素交叉的复杂性，还体现了具有定都决定权的皇帝个人的心理状态。永乐皇帝自然是一心要迁都北京的，但迁延了 19 年之久，其间他有将近一半时间待在北京处理国事，或以北京为基地进行亲征。但在他离开南京的时候，他的太子洪熙帝却几次在南京监国，对祖父朱元璋定都南京有相当的感情，而不愿定都北京，想迁回南京。但他当皇帝只有一年时间，来不及完成这个任务。他的太子宣德帝情况又与他不同，虽然遵照父命有迁都打算，但他作为永乐帝的皇太孙，当其祖父远征蒙古时，都随侍在侧，所以对迁都南京积极性并不高。加之北京作为全国性首都的条件的确比南京优越，故经过来回往复之后最终首都还是定于北京。

清朝代明而兴，选择北京为首都没有任何迟疑之处，这与金、元时期思路完全相同。而且由于清代所建立的多民族大帝国北部几乎囊括全部蒙古人部落，西北包容准噶尔与回部，西南领有西藏地区，远远超过汉唐盛世，北京的地理位置也因此不像过去那样偏向北部，而显得相对比较适宜，或者说，也近乎天下之中的位置了。进入民国时期，北洋政府的政治基础在北方，定都北京自然是不二选择。但由国民党建立的国民政府，其政治基础却在苏浙，因此自然选择南京作为首都。

（本文原载于 2009 年 2 月 1 日《解放日报》）

孔子观史：中国历史"百世可知"

　　提到孔子，我们首先想到的是儒家学说、人伦、礼仪制度，读《论语》也是为了更深一步去领会怎样为人处世。我今天则想讲讲孔子的历史观，让大家了解一下孔子少有人知的一面。

　　中国古代有"一个人"和"一本书"引起了世界极大的兴趣。一个人是指孔子，一本书则是指《老子》。《老子》这本书，经常有西方的译本出现，过几年就有一本。这个"道"字不知有多少种译法，想方设法要把它译出来，但都译得不准确。因为《老子》说过："道可道，非常道。名可名，非常名。"你就是译不好，所以很奇妙。孔子则是中国的大圣人，大家认为他的思想可以跟耶稣、释迦牟尼相提并论。《论语》里的内容我们都可以听懂，教导好像不是很高深，但是都有道理，所以外国人也容易懂，就像《圣经》一样。相对而言，从印度传过来的佛经理解起来就比较麻烦，思想内容也比较深。

不同文明，不同史观

媒体上经常说埃及是一个拥有五千年文明的古国。这句话初看没有错，实际上是有问题的。现在的这个埃及已经不是五千年前的那个古国了。现在的埃及人跟五千年以前的文明没有关系，不是一回事。

五千年以前的那个埃及属于法老文明，后来被希腊罗马化了。为大家所熟知的埃及艳后克利奥佩特拉（Cleopatra VII），就是埃及罗马化的关键人物之一。再后来，埃及又伊斯兰化了。现在生活在埃及的那些人，还有当地博物馆所存的那些东西，都跟他们的祖先没什么关系。因此，准确地说，埃及这块土地上有五千年的文明存在，这是没错的。但如果说埃及是有五千年历史的文明古国，就不够严谨了。在这一点上，中华文明就表现得相当不同。

如果要"算"明确的纪年，中华文明比不上埃及文明，这是有证据的。你到埃及去看，不要说公元前841年以前，再朝前一千年，他们也是一年一年有记载的，很了不起。但是我们没有那么细致的记录。中国做过一个"夏商周断代工程"，目的就是要研究公元前841年以前的年代，想把它一年一年排出来，起码要把"武王伐纣"那一年排出来。那么，到现在为止，"武王伐纣"在哪一年还不能说已经完全确定了。当然，这也是有原因的。这是一项需要将天文、考古和传世文献结合起来的研究，需要理科、文科一起合作，要花很大功夫。目前的进展是能够把武王伐纣的年代大致确定，到这个程度其实已经不错了。虽然关于我们的历史，有些事情尚且不一定能够搞清楚，但从长远来说，我们要尽量把它搞清楚。再者，由于各种原因，具体到一时一地，历史的真相不一定能够全部弄得清楚。比如文献的缺失、传播过程当中的流变、政治因素对于历史记录的影响等，都会影响历史记录的准确性。从这个意义上讲，以前大都认为近代史、当代史肯定最清楚了，古代史才会模糊，其实未必。

中国人有个很大的优点，就是喜欢历史，这也是中国文化的一个特点，但并不是每个民族都这样。比如我们的邻居印度，他们对历史就不大看重。他们很看重思维、擅长思辨，喜欢争鸣、喜欢逻辑。中国人是不大讲逻辑的，当然，先秦的时候也曾经有过逻辑的苗头。为什么会有这样的区别？因为中国人有个很大的毛病，就是极端崇尚"经世致用"。这本来是个好事，可一旦走到极端，就变成坏事了。中国人经常要问："这个有什么用？"乍一听，这问得很有道理啊。但是这也有毛病，它导致了对于那些看上去或者感觉上没有什么用的东西，我们就不研究、不愿意做了。也因此，在中国就没有产生类似几何学这样的学问，没有产生近代科学。实际上，中国人之所以对历史很感兴趣，也是因为要"用"。

对历史的兴趣，是普遍存在于思想家的思想里的。然而，印度也有很多思想家，但他们不大讲历史。印度有很长的历史，但像我们这样统一的国家在印度历史上没有出现过几回。印度次大陆经常是一个个分裂的土邦或小王国，两次比较重要的统一时期是外族入侵的时候。例如在莫卧儿帝国时期，信奉伊斯兰教的蒙古人的到来大致统一了印度。后来英国的东印度公司来了，印度有更大范围的统一。包括巴基斯坦、孟加拉、印度起初都是在东印度公司治下，而不是在英国治下。但是，在印度的文化里有一个很重要的东西，对于一件事的发生，他们总想追问它的意义。至于这件事在哪一年发生，他们倒无所谓。在他们看来，一件事背后最要紧的，是它本身的道理。至于它是发生在五百年以前，还是一千年以前，没有多大关系。所以，他们在讲历史的时候，经常讲起某某国王，但如果我们问"哪一年呢"，他们不知道。法显到印度去的时候写了一本《佛国记》，也就是《法显传》。玄奘去的时候写了一部《大唐西域记》，记述了哪一年到了哪里，看到什么东西，碰到什么事情。印度古代史里最清楚的就是这两段，所以来自中国的历史记载对他们来说太重要了。

中国历史记载对朝鲜、日本和越南也都很重要，中亚地区也受惠于中国的历史记载。为什么呢？因为中国人有重史的传统。这是我们文化的一个特点，也是我们一个宝贵的文化遗产。虽然我们上古的年代不能像埃及那样排得那么清楚，但我们对于具体的事情非常清楚。除了三代开端具体哪一年不是很清楚，我们对于商朝以来的历史基本上是清楚的。尤其在甲骨文被发现以后，《史记》里商朝先王、先公的名号跟甲骨文可以对照得起来，地下的文物跟地上的记载完全可以吻合。这两重证据证明了中国人的历史感是非常强的。

孔子是大历史学家

众所周知，孔子是一位大思想家、大教育家，但很多人不知道的是，他还是个大历史学家，而且是一个对中华文明而言很重要的历史学家。孔子因治鲁史而写《春秋》，但《春秋》除了是一部编年史以外，还有一个重要的东西在里面。那就是，寓褒贬之意于其中。所以，后世就将《春秋》归之于"经"，而不是"史"。

中国的正史里有六部，有"艺文志"或"经籍志"。它记载了在编纂该部断代史之前存在的所有图书典籍。比如《汉书·艺文志》里记载了《春秋》一书，但当时还没有历史类这样的分类法。当时历史类的功能尚附在"经"里，没有独立出来。到南北朝的时候，历史类的书地位提高了，才有独立意义上的历史著作出来。到《隋书·经籍志》时，人们才算把"四部分类法"正式利用起来，才有了严格意义上的"经、史、子、集"四部分类。

那么，孔子写《春秋》当然是在著史，为什么偏偏强调它是"经"呢？因为，《春秋》的意义在于褒贬。孟子说过，"孔子成《春秋》，而乱臣贼子惧"。意思是之所以要写《春秋》，就是要让乱臣贼子心里感到畏惧，不敢随便做坏事。中国人这个"笔"、这个汉字都是很厉害的。

比如，同样是表达"杀"的意思，汉字里除了"杀"还有"弑"，但两者有所区别。比如写"赵盾弑其君"。它讲晋灵公是个很糟糕的君主，整天不务正业，拿弹弓打人。打到人，他很愉快；打不到人，他很丧气。臣子当然劝他不要这样，尤其赵盾老是劝，于是晋灵公就烦了，派人去杀赵盾，但没杀成。后来，有人杀掉了晋灵公。结果，写史书的人不说那个人"杀"了晋灵公，而写"赵盾弑其君"。

明明杀了晋灵公的不是赵盾，那位史家为何还这样写呢？他的理由是，"子（赵盾）为正卿，亡不越竟，反不讨贼，非子而谁？"意思是说，有人杀晋灵公的时候，你为了逃避责任就走了；既然你还没有走出国门，到国境就停了下来，而且你"反不讨贼"，回来以后没有利用权力把杀晋灵公的人给抓起来，所以"非子而谁"，不是你弑君，是谁弑君？要是让外国人来看"赵盾弑其君"这五个字，肯定认为是赵盾一刀把晋灵公给杀了，其实根本不是这么回事。这就是"一字寓褒贬"。一个字背后，蕴含着对一个人、一件事的观点，这也揭示出在中国著史何以如此重要。

　　正因为中国人喜欢历史、注重著史，这使得我们的文明能够长久，使得我们的子孙后代能够知道我们过往的文明是如何发展而来的。我们的文明并非世界上最古老的文明，但是只有我们的文明是世界上没有中断过的文明。这一点是最最了不得的，足以让我们骄傲。就算是异族入侵，也没有把中国在文化上给亡了，他们只是做了统治者，而且这些统治者在进入中原以后，大都学习继承了原来就存在于中国国土之上的文化。

历史的"变"与"不变"

我们现在多半认为《论语》是教人怎么处世的，其实不是。《论语》里的内容非常丰富，在第二篇《为政》的倒数第二段，就有"百世可知"一语。

有一次，孔子的弟子子张问："十世可知也？"这句话问得很有意思。孔子回答："殷因于夏礼，所损益，可知也。"就是说，殷朝的制度、礼仪是从夏朝来的，所以它删减了哪一些、增加了哪一些是可以知道的。那么同样，"周因于殷礼，所损益，可知也"。孔子所在的时代是春秋末期，他看到了春秋的乱，知道这个周朝总有一天也是要被代替的，于是又说，"其或继周者，虽百世，可知也"。一百世是多长时间？在中国，"一世"是30年，一百世就是3000年。孔子为什么要这么说呢？因为他知道，自己眼前的这个社会跟前面的社会相比，只是略有损益而已，并没有翻天覆地的变化。孔子的这样一个历史观，多少能启发我们去看待中国的历史经数千年而没有中断的道理。大家想一想，是不是这样？

孔子看出来了中国历史的特点是"损益"。换言之，任何一个朝代都不能把前面朝代的制度"一扫而光"。它一定是把前面朝代的制度接受一部分、改革一部分，然后形成自己的新制度。此后的朝代，差不多也是如此循环往复。孔子站在自己所处的时代，看出中国的历史基本上是由"损益"变迁而来的，于是他可以有把握地说"百世可知也"。然而，在西方学者看来，这样的一个历史脉络其实是没有什么变化的。为什么呢？因为在他们的史学传统里面，若只是一个王朝替代另一个王朝，就意味着并没有发生什么实质性的变化。所以黑格尔在《历史哲学》中就说，中国是没有历史的，因为中国历史没有什么变化，从古到今都是如此。但其实，我们自己知道，它是有变化的。变化是什么？就是孔子所说的"损益"。这就是中国历史变迁的奥妙所在，很要紧。

　　研究历史地理的人都知道，行政区划、地方制度是慢慢变化的，不会一下子变过来：由郡县制变成州、郡、县，以后变成州、县，变成路、府、州、县，省、府、州、县，省、地级市、市、县……人们不会完全突然地重新创造一个制度，它一定是在前面的制度上进行调整，变成现在的制度。中央集权在中国历史上其实有过很多变化，犹如"钟摆"一般。

到宋朝的时候，它就发展为高度的皇权专制的中央集权，无论是调动军队、开仓赈灾，还是调拨钱款，都要皇帝亲自下令。到了明朝，朱元璋非常羡慕宋朝的这种制度，就在此基础上作了改进，搞了一个皇帝内阁制，六部直接向皇帝负责，政权牢牢控制在了皇帝手里。所以，这个"损益"就是这样来的：前一个朝代是怎么样的，毛病出在什么地方，后一个朝代就会对它进行调整、改进，让它变得更合适。中国的政治是如此，经济也是这样。从租庸调制到两税制，再到明朝的一条鞭法、清朝的赋税制度，都是有"损"有"益"的。中国的历史和文化演变就是这样一路走来的，从某种程度上印证了孔子"百世可知"的观点。

我曾写过一篇随笔《中国文化的变与不变》，里面说到的"变"与"不变"，其实就是"损益"的意思。有损有益，就是变了，但这个"损益"是不断发生、逐步进行的。于是，在这个过程里，有变，也有不变。在一些西方人的眼中，没有变化就没有历史。但事实上，如果变化太大，历史早就不是原来那个历史了。就拿诞生于尼罗河中下游的埃及文明来说，它的变化就非常大，因而早就变得面目全非。从今天来看，古埃及文明就是中断了，而中华文明因为从来没有全变，所以绵延至今。当然，如果一个文明完全不变，也不行。为什么要有损有益？因为要适应时代的变化。如果真的一点都不损、不益，那么你这个制度就没有了弹性，也就可能夭折。

孔子是"大成至圣先师"。他说过的很多话至今仍有一定的意义，所以我们读《论语》，不单是为了学习处世之道，里面还有很多其他方面的智慧。如果我们想要使自己聪明起来，当然还要读读包括《老子》《荀子》《韩非子》《墨子》《管子》在内的诸子百家学说，中国文化最大的智慧都在里面。等把诸子百家读完了，你会感到有一些提高，而且感觉还要再读书。为什么呢？因为你会感到，两三千年前的人怎么那么聪明？！他们把我心里想说的话都说出来了，有些恐怕比我们说得还要好一些。其实不单中国是这样，外国也一样。大家都听说过"轴心时代"，世界上有大智慧的人都出现在那几百年间，西方、印度、中国概不例外。最聪明的大道理，那时候的古代人大都已经想到了。《金史》里有一句重要的话，"善吾师，恶亦吾师"。古人写史，其实就是为了让后来的统治者可以垂鉴资治。当然，除了这一点以外历史还有惩恶劝善的功能。而对一般人而言，历史则会使人变得聪明。

中国人最爱听历史故事，到现在简直是"历史热"了。这是我们这个民族的一个特点，也是非常好的一个传统。但是我们的问题就是太注重"经世致用"，太强调这一点就会变成一个毛病，就可能以论代史，产生影射史学这样的东西。所以，若要读史书，就一定要多看几部，尽量看原著，要对照着看，这样你才会得到接近于历史的真相。追求百分之百的历史真相，应该说是不大可能的，但是接近历史真相是有可能的，尤其是那些跟人物的评论没有关系的典章制度，历史记载基本上是靠得住的。章太炎曾说过这样一句话："学以求真，不在致用。用以济民，不在干禄。"对于历史的态度也应如此，研究历史首先是求真，而不是致用。当然历史天然有致用的一面，那也是用来服务大众，而不是为了一己之私利。

今天我借着讲孔子的历史观，跟大家讲了讲历史里面很多可以让我们思考的问题。希望跟各位进行讨论，共同提高。

（本文原载于 2014 年 10 月 25 日《解放日报》）

从城外之城开始

——上海近代城市形态演进

我们可以找到"上海"这两个字，最早是1023年。在北宋时期，是上海的酒务，人要喝酒抽税，就叫上海务，那是今天的我们第一次看见"上海"这两个字。比1023年还早的信息我们一点都没有。

在靖康之难后中国发生了第三次由北到南的移民大浪潮，过去江南人比较少，经过三次大移民，江南人口多了起来。至南宋末年，上海这个地方人多到要设镇了，这标志着上海城市的初步形成。我们现在还不知道上海设镇在哪一年。有一种极端的说法，认为上海可能没有经过设镇，就直接设县了。但实际上，上海曾经有一个监镇官，所以应该设过镇。

上海建镇后一直比较繁荣。到了元代，1290年，松江府知府认为华亭县人口很多，有必要分设一个新县，于是到了1291年中央批准上海这个地方设县，到1292年上海县就正式从华亭划出来了。因此，上海县的诞生差不多经过了三年的时间，1290年先打报告，1291年中央批准，1292年建县。建镇的具体时间现在无从考，但建县可以作为上海建城的代表，所以上海建城有700多年了。

上海位于两个"丁"字的交汇处。一是海岸和长江组成的丁字，上海这个位置很重要，长江入海，上海就在丁字口上。二是长江与黄浦江组成的丁字。到嘉庆年间，因为上海的地理位置优势，航运很发达，所以上海当时有两句话形容——"江南之通津，东南之都会"，上海谈不上地大物博，但是作为海运和江运的重要港口，上海的确很重要。过去西洋人来上海转一圈，回去写书，把上海的过去称作小渔村，以此彰显他们来上海之后所引起的上海的变化。其实不然，上海不是小渔村，当然也不是大都会，但可以说是一个东南壮县，就是比较大的县。

鸦片战争前的上海成为沿海沿江航运的重要枢纽，洋货及闽广货物都在上海转运，小东门外就是大码头了。乾隆时设立海关，远近货物都由吴淞口进来，城东门外船就很多了。

鸦片战争西洋人是有准备的，英国人是有企图的，鸦片战争之前他们就到上海来看过，他们到吴淞口观察，计算七天内到吴淞口这里有多少船，当时的我们并不知道他们在算计我们。

上海的经济虽然在明清时期得到长足发展，但始终是一种传统的内向型经济。即使上海航运业在清代很繁荣，但主要还是担负国内贸易重任，国外贸易非常少。同时上海的行政地位始终是普通的县，鸦片战争开放五口通商，地位最低的是厦门，因为它连一个县都不是，比厦门稍微好一点的就是上海，地位也不高，宁波是一个府，福州是一个省城，广州也是一个省城。

从上海务、上海镇到上海县，整个上海走过了一条和中国其他县城相同的发展道路，一个普通的县城，没有什么剧烈的变化，和内地很多县一样，慢慢地发展。

上海城市发生突变，是在100多年前，也就是在鸦片战争以后上海正式开埠时。虽然从行政体制上看，上海一直到清末始终是松江府属下的县，到清朝灭亡时上海还是县，始终没有提升，但是城市形态发生了变化。首先是城外有城，这一点是非常重要的。1843年英、美、法诸国在上海县城北面设立租界，城外之城所呈现的就是全新的近代化城市的形态，这个形态在中国过去的任何地方从未有过，现代的城就在这里出现——在一个新的地方建成一个新城。

近代上海最初是城外城的形态，在老城外面的一块空地上，建立了跟中国传统形态不一样的城，而其他的城市接受近代化就是在原来的城基础上进行局部改造，甚至进行大部分的改造。

在传统城市之外建一个城市是租界城市的形态，这种城市形态是欧化的城市，所以有的西洋人称之为欧洲城。

新城建立后，在行政管理上也有了变化，那就是上海县当局再也管不到租界范围内的事务，和租界相关的一切事务在1843年开埠之后，由苏松太道管理，上海开埠和洋人打交道不是上海县而是苏松太道，这个官职和外国领事大概对等。

租界成立后，上海县城的内部和近郊也进行了改造，也脱离了旧时的模样。这种上海城市形态的转型，一方面城市的繁华地带由上海县老城乡以及城外的东南，转为城市的北郊和西郊。另一方面，城市的生活方式由纯粹的中式，转向中西合璧，以至某些方面完全西化。

作为港口城市，繁华必定距港口不远，上海的港口码头从董家渡一直延伸到十六铺，所以那个地方很热闹。上海城东南是过去最繁华的地方，"时市肆盛于南城，城之北荒烟蔓草，其农户烟村都在西南二境"，这就是说当时上海的繁华之处，在县城的东南。

根据文献的描述，1844年小小的英租界还只是刚刚在土地上搭建起来的几幢小楼，到19世纪50年代初已经发展成有笔直的马路、哥特式房屋、宏伟的滨河商行的现代国际市镇。城市化的进程是先外滩后南京路，先九江路以北再九江路以南。

英租界经过不断扩张，成为上海繁华转移的第一个区域，这里兴起的不是中国的房子而是西式楼房，街道很平整，街道上有树木——林荫道、有路灯。这只是静态的一面，动态的一面是西洋人在散步，没事就轧马路，相当于现在中国人的散步。他们还跑马，在黄浦江上划艇，没事出一身汗。所以，西洋式生活方式的引进和西洋建城是一体的。

当时的《竹枝词》这样描写道："深上风光尽足夸，门开新北更繁华。出门便判华夷界，一抹平沙大道斜。"

时人黄楙材《沪游脞记》称：自小东门吊桥外，迤北而西，延袤十余里，为番商租地，俗称夷场。洋楼耸峙，高入云霄。八面窗棂，玻璃五色，铁栏铅瓦，玉扇铜环。其中街衢弄巷，纵横交错，久于其地者，亦易迷所向。取中华省会大镇之名，分识道里（也就是以中国的省份及城市名字为南北及东西向街道命名，如四川路、南京路，东西向的是城市名，南北向的是省名，只有广东路特别，但是广东路是因为中文名字译错，应该译成广州路的）。

1861 年，普鲁士人（当时德国没有统一）来跟中国谈判通商，中国那个时候形势很紧张，太平天国占了南京，上海还有小刀会。比利时、普鲁士要求通商，清政府害怕他们到北京，就让他们在上海签订通商条约。所以当时有很多普鲁士商人来过上海，以普鲁士人的眼光来看，上海已经有两个城市同时存在，一个是城外欧洲城，一个是老城。当时，普鲁士艾波林伯爵从上海发出的书信中说："在中国城之外是欧洲人聚居地，分成法租界、英租界与美租界。房子以及停靠在河里的众多商船和战舰，给人以非常欧洲化的印象。"又说："我的房间很舒适，有地毯和很好的壁炉。"几天后，他又写道："此后去了外滩，即滨江大道，那儿在举行我们的音乐会和游园会。"

普鲁士使团中有个叫李希霍芬的人，"丝绸之路"这个名字就是他提出来的。这个人是地质学家，他写过一本书叫《中国》，有五大卷，这本书日本人很早就翻译出来了，可是中国到现在还没有译本出来。

李希霍芬很注意中国发生的变化，他再度来上海时说上海马路比上一次来的时候要好，不像以前那么脏，外滩扩建过，有了石墙，还有了英国俱乐部和一条通往徐家汇的路。跑马场也换了一个地方，并且弄得更加漂亮，这说明上海新城无时不在发生新的变化。

在早期城市化中，上海、广州、香港的做法是不一样的。1904年，一个德国人比较广州、香港与上海时说："（上海）与广州甚至香港的情形是多么的不同啊！在广州，我看到的是几乎未被触动过的中世纪的中国；在香港，是被中国化渗透的英国殖民地；在这儿，我们拥有的是一个在中国人自己土地上的欧洲式贸易和工业城市。"

上海新建的这个欧洲式的城市范围有多大？1845年英租界设立时面积是830亩，东至黄浦江，南至洋泾浜，北至李家厂，西界未定；一年后定界路是河南中路，为1080亩；1848年11月扩展到西藏中路，面积2080亩。1848年美租界设立，到1863年美英租界合并为公共租界，经过两次扩张，到1899年，面积达到33503亩。1849年法租界成立，经三次扩张后至1914年面积达到15150亩。美英公共租界与法租界两者合起来就是48653亩。

这个面积是原来传统上海县繁华地区五六千亩的八倍那么大，换句话说，上海繁华地区从19世纪40年代发生了转移，新繁华地带面积远远超过传统地带的规模，成为全中国最大的新型繁华地域。

（本文原载于2016年9月6日《解放日报》，原题为《从"县"到"城"，上海模样如何改变》）

司马迁排行榜

——《史记·货殖列传》讲疏

我讲《史记·货殖列传》有两个基本原因：一个是学术上的原因，另一个是现实上的原因。

我们中国古代先秦历史上有很多思想非常辉煌，辉煌到出乎我们的意料，所以有时候我们不得不讲。有些西洋人觉得中国的思想比较落后、比较保守，认为有些思想只是西洋人有，中国人没有，比如以消费促进生产。西洋人认为中国是以农为本的国家，以农立国的国家只有勤俭持家的思想，肯定没有以消费促进生产的思想。

其实是有的。《管子》中就有以消费促进生产的事情。《管子》中提倡厚葬，认为如果不厚葬，做棺材的工人就没有吃的了。做好棺材后还要漆，还要做一个很大的坟墓，这样就可以养很多人，就以消费促进了生产。春秋时就有这样的思想了，虽然很稀有，但不是没有，时间也很早。

《货殖列传》也是一样。我为什么提司马迁排行榜呢？《货殖列传》中不只有排行榜，还有别的。但是为什么又突出排行榜？就是因为《福布斯》排行榜现在已经很流行了，而且在《福布斯》排行榜以外还衍生出各种各样的排行榜，比如影视明星的排行榜、体育明星的排行榜等。但是这样的排行榜在《货殖列传》中其实已经有了。

我们觉得现在中国接受的很多东西好像都是中国古代思想中没有的。其实不是。先秦时的很多思想非常辉煌，所以学术上需要把这些东西跟大家讲一下。如果大家去读《货殖列传》，会觉得书中很多话不是讲两千年以前，而是讲现代，只要认真去读，一定能体会出来。

当然大家可能认为《货殖列传》是文言文，不太能读懂。所以我先跟大家讲一讲，以后建议大家自己去读，一字一句地读。我讲的只是一个大概。我给学生讲课时用的书，边上有很多批注。我给学生上课是一个字一个字地读，讲课时要告诉大家，哪些是重点，哪些应该注意，哪些话应该怎么讲，哪些现在应该怎么看。

《史记》是一部什么样的书

为了讲《货殖列传》，我必须先讲一下《史记》，讲一下《史记》是怎么样一部书。前人对《史记》有一个最高的称赞，即"六经以后唯有此作"。中国人是很重视经典的，经典著作最主要的就是"六经"，即《诗》《书》《礼》《易》《乐》《春秋》。古人认为"六经"以后最高水平的一部书就是《史记》，所以说"六经以后唯有此作"。《史记》不单是一部历史书，而且是一部非常重要的文学作品。鲁迅说《史记》是"史家之绝唱，无韵之离骚"，这是他在《汉文学史纲要》中讲的两句话。前一句说的是史学水平，后一句讲的是文学价值。就是说《史记》兼有这两方面的价值。

另外一个很有学问的人，叫黄侃，是章太炎的学生兼朋友。黄侃学问很大，但是一直没有著书，章太炎告诉他可以写书了，黄侃说"我50岁以后一定写书"，可是他正好在50岁时死了。他是一个非常聪明的人，看了很多书。他说过一句比较特别的话："中国的古籍，八部书外皆狗屁。"他觉得只有八部书是最重要的，其他都是狗屁。这八部书是《毛诗》《春秋左氏传》《周礼》《史记》《汉书》《说文》《广韵》《昭明文选》。这话当然说得很极端，但也说明《史记》是很重要的一部书。

一般青年学者间推荐读书，或推荐做学问的必读书目，一定有《史记》，不可能没有《史记》。所以《史记》在学术上的地位是很高的。

具体而言，《史记》有以下四个特点。

《史记》是史书的典范

《史记》创造性地发明了纪传体的体例，为以后正史所模仿。什么是"纪传体"？《史记》的核心是本纪与列传，还有世家、书、表，共五种体裁。以本纪与列传为核心，所以叫作"纪传体"。《汉书》只是学习它的样子，把"书"改成"志"，把世家取消了，就变成了本纪、列传、志、表四种体裁，这就叫纪传体的史书。

这种纪传体的史书到清朝共有二十四部，也就是我们所说的"二十四史"。我们称它们为二十四部正史，因为只有这种体裁的史书才叫作正史。大家知道中国的史书很多，其中有一本叫《资治通鉴》，它是很重要的一部史书，但不是正史。所谓正史就是由司马迁所开创的像《史记》这样的纪传体史书，由皇帝正式认定的史书。

在这以前史书的体裁只有编年史。《春秋》就是一部编年史，《春秋》虽然是儒家五经之一，但它其实是史，不过因为它的地位很高，所以称它为经。纪传体创作一直延续到了南宋，才出现第三种体裁，即纪事本末体。到19世纪末，中国的史书体裁只有三种：编年体、纪传体、纪事本末体。所以中国的正史体裁全部是纪传体，这是史书的典范。我们现在经常说要与时俱进，但这二十四部正史不太像是与时俱进。第一部《史记》写得最好，《汉书》就差一些，后面不能说一部比一部差，但是比不上《史记》和《汉书》，有一蟹不如一蟹之感。

《史记》是史学的肇始

有史书不等于有史学。《史记》开创了史学的体制与规模，使之成一家之言。司马迁讲要"成一家之言，通古今之变"。"成一家之言"中的"一家"，没有人知道他是指哪一家，我认为就是要成"史家之言"。因为他的父亲有一段话讲"六家要旨"，讲了儒、道、法、名、阴阳、墨这六家，其中是没有史家的。所以这里的"成一家之言"就是要成史家之言，因此《史记》是史学的肇始。

第一，"甄别史料，汰虚课实"，就是说并不是抓到篮子里的都是菜，对收集到的史料要看是真还是假。大家不要认为书上写的都是真的，这一点是大忌。孟子说过一句话："尽信书，不如无书。"这里的"书"不是指我们现在看的任何一本书，而是专指《尚书》。就是说看书要有自己的分析。写史书也一样，写一部史书要靠史料，但史料并不都是"菜"，收集到这些史料后还要辨认是真是假。

就算你现在看日记、看回忆录，也需要甄别。现在很多人以为日记是很真实的，事实上日记不一定可靠。为什么？因为有些人的日记并不是写给自己看的，他知道后世的人一定会看，像曾国藩、蒋介石，他们知道以后别人会看他们写的日记，而且还要研究，这样一来，他们写的日记就有问题了，就不一定全是真的了。现在很多人把蒋介石的日记全看成真的，这是不对的！蒋介石写这些东西时就知道以后的人是会看他的日记的，所以写的时候就存了心了。因此，《史记》要汰虚课实，把虚的东西去掉，把实的东西留下来。

第二，过去的史书只是记事传人，就是写人物传或者把事情记下来。但《史记》则要"稽其成败兴坏之理"，也就是要讨论、研究、思考。为什么一个王朝会兴，一个王朝会衰；一个人做事情会成，另一个人做事情会败。道理在哪儿？要讨论这个，就介入了史学的范围。

第三，将叙史与论史明确分开。叙史是有什么历史就写什么历史事实；论史是要讨论、判断和思考。在史学界有论从史出、以论代史等种种说法，但司马迁明确把叙史与论史分开。

第四，"信以传信，疑以传疑"，就是"可信的我就相信，我不知道、不清楚的，我保持怀疑"。这点很重要，所以是"疑疑亦信"，怀疑应该怀疑的，这就是信。这是一个很重要的史学原则。

第五，眼光独到，认为历史是由各位人物所创造的。所以你看《史记》的列传，什么类型的人的列传都有，有

《游侠列传》，有《佞幸列传》，不是说这个史书只写忠臣，被视为奸臣的人也要写进去。又有《滑稽列传》《日者列传》《龟策列传》，还有今天我们讲的《货殖列传》。什么样的人都有。

《史记》是文学作品的楷模

《史记》不是简单地以语言为载体，而是以文学为载体来写历史。所以有人说它不是记人家的话，而是代人家说话，非常之生动，与后世小说、剧本中的对话独白是一样的。有的史学著作就没有这么好，也没有如此地可赞，除了专家以外，没有人读。为什么？因为不容易读懂，写得不精彩。只有前四史文学意味较浓，但是《三国志》已经比较差了。后面即使《晋书》稍好一些，也比较小气。能够在文学上做到"恣肆汪洋、酣畅淋漓、大气磅礴"的只有《史记》。

所以日本人编《世界文学全集》，把世界上所有最优秀的文学作品编在一个全集中，其中就有《史记》的一部分，把《史记》的列传全部编到全集中去，认为这些都是上等的作品。后代人如果称赞某人文学水平真高、写作水平真好，就说他写得跟司马迁真像，真的比得上司马迁了。没有一个人说他写得比司马迁还好，因为写得跟司马迁差不多，那就是一流的水平了。大家知道，六朝时写文章讲骈俪，就没有实质内容了，到了韩愈、柳宗元之后，又是"文起八代之衰"，恢复古文。向谁学习？就是向司马迁学习，向扬雄这些人学习。

例如像《西南夷列传》开头的一段，后来柳宗元《游黄溪记》中的一段话就完全模仿了它，只是柳宗元把这一段话扩大了。所以后代人像李贽，他说汉以来"宇宙间有五大部文章"。汉代是《史记》，唐代是《杜甫集》，宋代是《苏东坡集》，元代是《水浒》，明代是《李东阳集》。有一个很有名的艾南英，是写八股文的教头，他说："千古文章，独一史迁，史迁而后，千有余年，能存史迁之神者，独一欧公。"清代有一个人很有名，叫金圣叹，他认为《庄子》《离骚》《史记》《杜诗》《水浒》《西厢》才是六才子书。以上都是以文学史学来判断的。

《史记》是历史哲学的著作

《史记》有特别出众的历史观，不但是一般的历史书，而且是历史哲学的著作，表现出对人类历史的深刻理解：

第一，大一统的历史观。

第二，历史循环论。

第三，详近略远法后王的变革历史观。这里面有很重要的三句话："见盛观衰""原始察终""以终始为鉴"。《史记》很注意看历史上为什么一个王朝可以兴盛到一定的程度，为什么一个处于兴盛期的王朝又会一下子衰弱下来，这叫"见盛观衰"。"原始"就是研究它一开始是怎么出来的，"察终"是看如何结束的。这些四个字的话都是很精粹、很经典的话。我们现在说十句、百句不如这些四字话。思考历史哲学就要想这些问题。

第四，二元论的历史观。司马迁是怎样一个人？有人称他是"命世之宏才"，不是一般的人，这样的人才可能就是孟子所讲的"五百年才可能遇到一个"。司马迁自己也很自诩，周公五百年以后才有孔老夫子，孔老夫子五百年以后又有谁呢？"亦在思乎，亦在思乎"。司马迁很自诩，但他的确配拥有这样的地位。大家知道西方有历史之父，叫希罗多德，很有名，而在中国就可以称司马迁为史学之父。我们中国有这么悠久的文化，而且中国文化中最重要的一点就是史学发达。大家不要以为全世界各个古代文明、古代文化都是史学很发达的，事实上不是的。

譬如说我们的邻国印度，文明高度发展，我们跟印度学了很多东西。他们的逻辑学很高明、佛教很高明，我们学习他们的因明学。印度的佛教和逻辑思维是非常高明的，但是印度人对历史恰恰是不关心的。印度人对历史不重视，他们认为一件事最重要的是这件事情本身到底怎么样，至于这些事情是发生在五百年前还是一千年前，他们觉得跟自己是没有关系的。发生在一千年前也好，五百年前也罢，都没有关系，所以他们的历史比较糊涂，不像我们的历史非常清楚。

他们古代历史中有两段是很清楚的，第一段是《大唐西域记》所记载的那段，很清楚。因为玄奘去了那边，很详细地记载了那些东西。另一段是《法显传》，记载得很清楚。虽然这两部书都不是写历史的，但是中国有历史观念，一旦记录后就有年代在里面。历史没有年代就不能成为历史，历史是时间贯穿起来的学问，所以中国的史学才会这么发达。中国的史学之父是了不得的。唐代的刘知几说，作为一个历史学家要有史才、史学、史识。司马迁就是才、学、识兼备的史学家。

司马迁还是文、史、哲的通人，他的本职是天官。过去的史家本职是天官，他要负责看天上的星星。中国人很重视天上的星星，有一个小故事：东汉光武帝有一天上朝，有一个大臣马上报告，昨天晚上发现天上有一颗克星压在帝星上面了。这到底怎么回事呢？原来是光武帝有一个很好的朋友叫严光，光武帝和严光睡在一张床上，严光睡着时把自己的一条腿压在光武帝身上了。所以天象上看出来就是克星压了帝星。历史学家过去的本职是天官，也就是天文学家或历算家，要担负制定新历的责任。

汉朝的太初历就是出自司马迁之手。我们现在是以元月当正月，就是一月份当正月，这是太初历以后的事。在太初历以前，我们的正月是十月，一年的年头是十月，不是一月。

史官另外还有记事、记言的责任，但并不是私家著作，而是留在宫廷中的文献，甚至只是档案。但《史记》这部书不是公家的著作，而是司马迁私人的著作。

司马迁写《史记》存在一定的社会背景和个人原因，写《史记》是司马迁家族的使命，因为他们家族世世代代做史官，还有司马迁个人的抱负。

《史记》的创造性与篇章结构

刚才已经讲了一些《史记》的创造性与篇章结构，现在再具体分析一下：

第一，发凡起例，创为全史。纪传体就是司马迁创造发明的。这个发明放到现在，是可以获得科技创造一等奖的。在他之前没有人用这个体裁，在他之后大家都学着用这个体裁，所以这个发明创造不是简单的事。一共采用十二个本纪来叙帝王，这基本上就是过去的编年史。再用三十个世家来记侯国，但特别的人也放在世家中，像陈胜、吴广起义。司马迁的眼光很独到。

世家原来写的都是贵族，他人都不把陈胜写入世家中，只有司马迁把他写入世家，陈胜是没有世也没有家的，世家就是诸侯世世代代传出来的家，司马迁的眼光非常独特。还有就是孔老夫子，他是圣人，所以他不叫传，而叫世家。另外还有一些对汉朝特别有功的人也是列入世家。

还有七十个列传，主要是指人物；还有十个表，由于同时发生几件事，没有办法记录，所以用表来制作。其实做表是很难很苦的事，很多史学家虽然很勤快，但是做不了表。二十四部书中只有八部是有表的，可见做表是如何之难，很多史学家都偷懒不做表。

司马迁的表是做得非常好的，十表系时事，八书详制度，就是把文化史的东西写在其中了。"自此例一定，历代作史者，遂不能出其范围，信史家之极则也。"所以说是"发凡起例，创为全史"，"全史"就是指时间上的包容，从古到今都有，从上古一直到汉武帝为止。内容全面，人物、世界制度等全说到了。地域上周全，不但说到中国，他所知道的外国，像《大宛列传》也说到了。

第二，以人物为中心，是一个很重要的特点。中国人最喜欢问：先有鸡，还是先有蛋？中国人又最喜欢问：是时势造英雄，还是英雄造时势？这个问题总是困扰着中国人。到底是时势造就了英雄，还是英雄造就了时势？很大的运动若不是有很大的人物，怎么能够搞得起来？所以对于历史是由环境所造成的，还是由人物所造成的，历来聚讼不已。虽然都不可以被忽视，但司马迁认为应该偏重于人物。所以《史记》除了十个表、八个书以外，差不多都是人物传记。本纪、世家中也都是以人物为主。这一点在司马迁以前是没有的，在国外当时也很少。但是这样写也有一个缺点，变化的是人物的史，而不是社会的史。

在《史记》中，七十篇列传是很重要的，是《史记》的核心内容。列传有一人的传，如《淮阴侯列传》，就是光讲韩信的。有两人或数人的合传，如《老子韩非列传》。又如《樊郦滕灌列传》，为什么将他们四个人写在一起呢？因为这四个人都是汉高祖的功臣，是刘邦手下能征惯战的将领。还有一群人的合传，如《仲尼弟子列传》《货殖列传》《循吏列传》。

第三，篇章结构特点。各种体裁共有一百三十篇，十二个本纪、十个表、八个书、三十个世家、七十个列传。司马迁自己算了一共526500字，记了三千多年的事情。而汉代的事情只有七十多年，却占全书的一半，所以是以当代史为主。

《货殖列传》的历史意义

接下来我们讲正篇《史记·货殖列传》，先讲一个引言：中国人在学术上其实是有很多发明创造的，以消费促生产的思想在《管子》中就已经存在了。在农本思想统治时，有人给工商业者立传，这人就是司马迁。这都是很辉煌、很了不起的思想。这在春秋战国还不足为奇，因为当时没有统一，政治上没有一个统一的要求，爱怎么想怎么想、爱怎么说怎么说，但到了秦朝就不一样了。

谭嗣同说过一句话："中国两千年之政，秦政也。"虽然秦代只经历十多年就灭亡了。但是秦代的政治制度，秦代所实行的政治社会制度一直沿用了两千年，从秦朝到清朝一直没有变。秦政的特点是什么？谭嗣同没有讲。我总结了三点：第一，中央集权；第二，农本思想；第三，文化专制。这就是秦政的最主要特点。在政治上是中央集权；在经济上是以农为本，重农贱商；在文化上是专制主义、愚民政策，把书都烧了，把读书人都"坑"了。在这样的情况下，我们单讲经济这一方面。经济上重农贱商，农本思想，商人的地位就很低。从秦朝起商人的地位就一直非常低，低到什么时候呢？到明朝时，朱元璋正式规定商人不准穿丝绸的衣服。你是有钱，但我不让你穿丝绸的衣服。你可以在家里吃大鱼大肉，但是出门就是不能穿丝绸，让你有钱也没地方用。这就是贱商。司马迁在秦政之后，他敢给商人立传，这需要何等胆略？

后来，汉武帝接受董仲舒的建议："罢黜百家，独尊儒术。""儒术"的要点就是"义利之辩"，只谈仁义道德，不讲利益所在。大家知道孟子去见梁惠王，梁惠王问："你老先生不远千里跑到我们国家来，对我们国家会有什么利益，有什么好处呢？"孟子说："大王何必言利？只要有仁义就可以了。"所以在儒家成正统之后，司马迁写《史记》还能给商人立传，这是需要胆识的。以前没有人敢，那么司马迁做了示范以后，后世是不是有人跟着做呢？也不敢。

除了班固写《汉书》（把司马迁的部分作品照抄一遍而已），二十四史中没有一部写商人的传记。谁敢写呢？国家的制度是农本思想，重农轻商，那谁还敢给商人立传？谁敢说有钱人的好话？像我们几十年前，谁敢帮有钱人说好话？那时是越穷越光荣，谁有钱谁就麻烦了。

我们知道先秦有著名的富商范蠡（无锡有一个蠡园，据说是范蠡的遗迹）、儒商子贡、"治生之祖"白圭等人。如果不是司马迁把他们一一地写出来，我们就不会知道先秦时期有这么多豪富。有任何重要的经济活动，司马迁都把它一一列出来，所以《货殖列传》是宝贵的资料，也是宝贵的认识。

班固说司马迁的《史记》写得很好，但也指出他有三个大缺点。司马迁的根本原则是"是非颇谬于圣人"，就是他的原因与别人不一样。肯定了什么与批评了什么，和圣人不一样，有三方面是不一样的：

第一，"论大道则先黄老而后六经"，要讲大道理、要讲最主要的基本原则，"大道"就是基本原则。"论大道则先黄老而后六经"，儒家已经树立了正统地位。你应该先讲"六经"，而他却先讲"黄老"。"黄老"不是儒家，你为什么要先讲"黄老"？

第二，"序游侠则退处士而进奸雄"，《游侠传》中不把那些处士写进书中，而是把那些奸雄写进书中。

第三，"述货殖则崇势利而羞贱贫"，就是捧有钱人，看不起那些没有钱的人。

以上就是班固提出的司马迁的三个大缺点。其实这三点都批评得不对。为什么？因为"先黄老"是当时政治政策的要求，汉朝初期都是先"黄老"学说而不是崇儒家学说的。窦太后，就是汉武帝的老祖母，就很崇信"黄老之道"。

司马迁写《五帝本纪》，应该是从黄帝写起的，但他不屑从黄帝写起，他要从尧舜写起。但为什么不从黄帝写起呢？因为黄帝是传说，是不可靠的。司马迁觉得不应该从黄帝写起，而从尧舜写起比较可靠。但如果他不写，就代表他政治不正确，所以必须从黄老写起。到汉武帝时把儒家封为正统，但汉武帝也不是真的把儒家当作正统，只是表面上的，治理天下还是"霸王道杂之"。汉武帝的曾孙子汉宣帝，也是一个很厉害的人，他的儿子汉元帝，完全相信儒术，他就批评他的父亲：父亲现在对儒生不太好，应该对他们好一点。汉宣帝很不高兴，说："吾家自有制度，霸王道杂之。"治天下是用王道，不用霸道，王道是儒家，霸道就不是儒家，而是法家。治天下不能光用王道，要用霸王道治之。汉武帝"罢黜百家，独尊儒术"，牌子是挂了，但实行时不是这样的。所以"论大道先黄老"，这是当时的政治要求，不是司马迁的问题。

因为班固是生在东汉的，离司马迁有一定的距离，他不知道当时的形势，所以他批评司马迁是错的。"序游侠"与"述货殖"恰好是《史记》的最大优点。别人看不到，而司马迁有这个见识，显出司马迁的独到之见。

《货殖列传》说什么？

现在我们来解题，《货殖列传》是什么意思？《货殖列传》就是一群"货殖者"的列传。那什么叫"货殖者"呢？就是能殖货之人。什么叫"殖货"呢？"殖"就是生殖，"货"就是钱。所以"殖货"就是生财。《货殖列传》就是能够生财的这一批人的列传。"货殖"一语并非司马迁所生造，其实在《论语》中就已经存在。《论语·先进》载孔子之言曰："回也其庶乎，屡空。赐不受命，而货殖焉，臆则屡中。"

《货殖列传》最主要的内容，大致可分为四部分：

一、全国经济地理区划。如果要做生意一定要先知道经济地理情况怎么样。这是中国历史上第一个经济地理区划。在司马迁以前是没有人把全国分出经济地理区划的。

二、先秦与西汉的富豪排行榜。

三、把全国分为十数个文化风俗区。要做生意一定要了解各个地方的风俗习惯；外国人到中国来做生意，也要懂得中国人的人情习惯。这也是中国历史上头一次有这种分法的。

四、发展经济与生财之道的多样性。

这四部分是《货殖列传》的主要内容。另外，在篇首有两段话很重要，一段是老子的话，一段是司马迁自己的话。这是很少见的，他写列传一开始总是说事情，然后把自己的意见放在最后，叫"太史公曰"。而《货殖列传》一开始讲老子的话，然后讲自己的话。大家都知道老子提倡"小国寡民""鸡犬之声相闻，老死不相往来"。司马迁拿老子这段话表明自己的态度。他说神农以前我不知道，尧舜以来这种情况就不可能存在了。为什么？尧舜以来，人的声色之好已经提高要求了，耳朵要听最好的音乐，眼睛要看五光十色的东西，嘴巴要吃最好的食物，身上要穿最好的衣服。有了这些要求，就不可能"小国寡民"，一定需要有货物流通才行。

《货殖列传》的写作动机

司马迁为什么要写《货殖列传》？他写作的动机是什么？很重要的一点是基于对人性的深刻理解和对历史发展动力的理解。人的本性是什么？大家知道先秦有两种说法：一种是"性善论"，另一种是"性恶论"。孟子是讲"性善"，荀子是讲"性恶"。所以长期以来，孟子地位很高，荀子地位不高。为什么？因为孟子说"人性本善"，就是说人一出生心肠就是好的，所以大家听了很开心。而荀子却认为人生来的本性就是恶的，大家听了肯定会不开心。就是因为荀子说了这样的话，使他被埋没了很多年。一直到清朝以后，才有人把荀子的地位大大地提高。我给学生讲诸子时，特意要讲荀子、管子、韩非子、墨子，讲一些大家不太注意的人。

　　对人性的理解，司马迁有自己的看法；对历史发展的理解，司马迁也有自己的看法。正因为有这些看法，所以才写了《货殖列传》。司马迁在《货殖列传》中讲过一句话，他不讲人性善，也不讲人性恶，他说"富者，人之情性，所不学而俱欲者也"，意思是说想要有钱是人的情性，是不需要学习的。我朋友的小孩，有一天要买东西，她父亲就对她说身上正好没有钱了，小孩说你没有钱就到墙上去拿。为什么要去墙上拿？因为她看父亲拿钱都是往墙上塞一张卡进去，钱就出来了，所以她以为从墙上就可以拿到钱。虽然她不知道钱是怎么来的，但她知道有钱比较重要。这就是"所不学而俱欲者也"的"不学"。司马迁讲得很有道理。

　　恩格斯在《路德维希·费尔巴哈和德国古典哲学的终结》一文中指出："自从阶级对立产生以来，正是人的恶劣的情欲——贪欲与权势欲成了历史发展的杠杆。"贪欲好不好？权势欲好不好？都不好。但恰恰是贪欲和权势欲成为历史发展的杠杆。这是恩格斯在评论黑格尔时说的，黑格尔说"恶是历史发展的动力的表现形式"。"恶"是不好的，但在历史发展过程中，"恶"是一种动力。追求利益，追求金钱的利益、权力的利益，这些是"恶"，但却是历史发展的动力。司马迁懂得这些，懂得人的本性、懂得历史发展的动力，非常了不起，这是2000多年以前的事情。谁说中国人没有经济方面的思想？其实是有的，只是我们没有去发扬。

很多人读《史记》是从头开始读的，而《货殖列传》是第一百二十九篇，很多人根本就没有读到。有学生问我："老师，您怎么读《史记》的？为什么我读不下去？"我问他："你怎么读的？"他回答说："我从第一篇开始读的。"我说："你恰恰不能从第一篇开始读，因为第一篇《五帝本纪》是最难读的东西。你应该从后面开始读，最后一篇《太史公自序》，文章中说了他们的家族是怎么形成的，说了他自己为什么要写《史记》。"现代人一般都是把自序放在最前面，而他却放在最后面。所以读《史记》要从第一百三十篇开始读，而不是从第一篇开始读。而今天所讲的《货殖列传》是第一百二十九篇。司马迁理解人性，理解历史发展的动力，所以写了《货殖列传》。

《货殖列传》的闪光点

既然人性是这样的，所以不能简单地排斥，不能简单地批判，更不能与之争。而只能因之、利导之、教诲之、整齐之，这是司马迁的主张。你不考虑自己口袋里的钱，不考虑整个人民的利益和整体国家的利益，这是不对的。但是人的本性也有要考虑自己利益的一面。如果这时候把自己的利益完全剥离去，会产生怎样的结果？我们都已经尝试过，也都已经体会过。几十年经历过来，结果又如何呢？

司马迁老早就说了要因之、利导之、教诲之、整齐之，也就是说完全不考虑个人利益，是不可能的。在司马迁那个时代不可能，司马迁后的 2000 多年也没有实现。仁人志士考虑到"一大二公"，结果也没有实现。所以要正确地引导，使之利国利民，把这些本性引导到好的地方去，更不能"与之争"。"最下者与之争"，司马迁说的话是话里有话的，他是在批判汉武帝的盐铁官营政策，汉武帝时卖盐、卖铁是赚钱的，国家将它收归国营，不准老百姓做，这就是与之争。讲这样的话是冒险的，前面说"最下者与之争"，最最下的人才和老百姓争利。

进一步而言，司马迁更赞成人性依然如此，如果有善于营利赚钱的人，只要他不祸国殃民，只要他能够为社会增加财富，又有什么不好呢？所以他说："布衣匹夫之人，不害于政，不妨百姓，取与以时，而息财富，智者有采焉。""布衣匹夫之人"就是老百姓，你、我都是老百姓。"不害于政"就是不妨碍政治政权，不影响老百姓。为了你自己的利益而坑害别人，比如往奶粉中掺一些东西，那就是不行的。"取与以时"，这里的"时"很重要，司马迁一直强调"时"，简直和现代人一样。大家知道现在"时"是很重要的，看准时机是很重要的。什么时候该"取"、什么时候该"与"，要"取与以时"。"而息财富"，"息"是什么呢？"息"就是增加，我们讲利息就是利益增加了，"息财富"就是增加财富。"智者有采焉"，聪明的人应该学习。你看这话多光彩，都是2000多年以前讲的话，是多么闪光的观点。

所以司马迁并没有简单地称赞人性本善，也没有指责人性本恶，既不羞于谈利，更不谈虚伪的义利之辩。这在汉代中期表面上已经树立起"罢黜百家，独尊儒术"的情况下，尤其难能可贵。对比孟子对梁惠王所说"王，何必曰利？亦有仁义而已矣"，完全是两种不同的认识。

司马迁的过人之处还不止于此，他还看不起那些高谈仁义、主张越穷越光荣的人。他有一句精彩的话："无岩处奇士之行，而长贫贱，好语仁义，亦足羞也。"如果你没有"奇士"那样的高行，老是特别穷，没有钱用，然后还一直要"唱高调"，又满口仁义道德，说自己不是不愿意赚钱，自己赚钱比你们任何人都行，我只是看不起那些赚钱的人，总是这么说，他们即"亦足羞也"，也没有什么高明的。

比如印度就与我们中国不一样，印度有一些人很穷，但是安贫自立。他们居住条件很差，但并不仇富，很安心地在那里冥想。印度还有专门的冥想学院，用冥想来代替大鱼大肉，代替高级的衣服，代替漂亮的东西。为什么？因为他们不需要这些东西，他们在精神上已经解脱了。

但如果你"无岩处奇士之行"，而又要"长贫贱，好语仁义"，拿"仁义"去做挡箭牌，就"亦足羞也"。司马迁这个话如果放在四十多年前讲也是不行的。我记得"忆苦思甜"时，我们讲过去如何苦、如何穷，谁穷得好，谁就是高明。

所以这样的思想即使在现代也是超群的，在四十多年前司马迁这种说法是要被批判的。之所以他没有被批判，是因为批判的人没有看到这样的书，他读的书不多，他只看到孔老夫子的书。《史记》这么一大部，一共526500字，谁会去看？看不到司马迁写的这些话，因此他躲了过去。司马迁的这段话，放在过去，放在不久以前，都是惊世骇俗的话，不是一般人讲的话。

司马迁排行榜

我们再来讲一讲汉代富豪的排行榜。司马迁有如此超群的见识，他在《货殖列传》中不但举了先秦时期许多富豪成功的例子，而且将汉代建立以来发家致富的典型与他们的财富数量排列出来，作为表扬的典型。这就是比《福布斯》排行榜早了整整两千年的司马迁排行榜。大家知道，《福布斯》排行榜的母体是《福布斯》杂志，《福布斯》是什么时候创刊的？ 1917 年。《福布斯》创刊的时候还没有排行榜，从创刊到现在也就是一百年，所以《福布斯》排行榜只有几十年时间，而司马迁排行榜可是有两千多年的历史了。接下来我们来看司马迁排行榜中有些什么。

蜀卓氏

川西——四川西部姓卓的人，川西的卓氏家族。这一家族的先世是赵人，就是河北人。秦灭了赵以后就将卓氏迁到了四川。秦灭了各国，都要把各国的富人迁走。有两种迁法，一种是迁到首都，集中管制起来；另一种是迁到偏远的地方，让他们不能作祟。许多被迁的人都行贿官员，希望把自己迁到近的地方，不要走得太远。但卓氏夫妇有眼光，为什么？因为他们早有信息，很早就知道川西山区有铁矿，因为有铁矿就可以搞冶铁，发展冶炼业，所以他们自愿远迁到临邛，就是现在的川西邛崃县。

其后，"即铁山鼓铸，运筹策，倾滇蜀之民"，就是有"铁山"，有"鼓铸"。炼铁是需要很大的鼓风机的，"鼓铸"

就是炼铁后铸出来的一块块的铁锭。"运筹策"是什么？过去中国人都是用筹算的，是不用笔算的。"倾滇蜀之民"就是压倒云南、四川那些地方的老百姓，最有钱的是"倾国倾城"。

"富至僮千人"，就是请了千百个工人。当时请一千个工人已经是一个很大的企业了，现在请一千个工人的企业也不算小。"田池射猎之乐，拟于人君"，就是说有钱了，他就可以打猎，可以享受和皇帝差不多的快乐。

卓氏的具体财富有多少，司马迁没有明说，但有钱而快乐到可以与皇帝相比，那真的是豪富了。我有一点怀疑，看上司马相如的卓文君恐怕就是这一家的人。

冶铁能致富，在汉代是很重要的。今天依然如此，否则不会不断出现重复建设的钢厂。现在我们国家产钢量在世界上是数一数二的，一年生产 2 亿吨。1958 年我去参加"大炼钢铁"，那时的口号是"头可断、血可流，1070 万吨不可丢"。那一年原本制定的指标是 535 万吨，因为"大跃进"翻了一倍，变成 1070 万吨。1070 万吨对现在来说不算什么，但在过去是很困难的。最后是怎么完成的？大家都砸锅卖铁，树木也都被砍伐光了，用来烧炭，家里的铁都拿出来充数，才凑成 1070 万吨。

钢厂是赚钱的，但我们还是被别国掐住喉咙了，因为我们国家缺乏铁矿石。所以汉代那个时候，谁拿到铁矿石，谁就可以成为首富。同样在临邛，以冶铁发家的还有一个叫程郑的人，也是一个富豪。

宛孔氏

宛是现在河南西南边的南阳，南阳现在在中国的地位不高了，但过去南阳的地位是很高的。孔氏原是魏国人，秦把他们迁到南阳来。这一家族本来就是以冶铁为业，到南阳后依然重操旧业，"家致富数千金"。"数千金"是什么意思呢？一金是指重量一斤的黄金，"数千金"就是数千斤黄金的意思。

曹邴氏

这个家族在鲁西，今山东西部。这里的人历来很俭啬，都是很小气的人，曹氏家族尤为典型。他们也是以冶铁起家，因为冶铁比较赚钱。"富至巨万"，"巨万"就不是单单的一两万，而是上千万，这样才称得上"巨万"。"巨万"

后面的单位就是钱。一斤黄金等于一万钱，我给大家一个基数，大家就明白这个钱多到什么程度了。

后来这人又投资商业金融，"赁贷行贾"遍天下。"赁贷"是什么？"赁贷"就是放债。所以，在曹氏家族的影响下，邹鲁一带的人都不好好读书，而喜欢下海，当时就有"读书无用论"了。邹鲁一带可是孔圣人与孟亚圣的老家，这一带人家过去读书的风气是很盛的，到了曹邴氏时，大家都不好好读书了，与现在的有些人一样。

齐刀氏

齐就是山东半岛，山东有两种风俗。我们老说山东是齐鲁大地，其实齐和鲁是不一样的。"齐一变，至于鲁；鲁一变，至于道。"这是孔老夫子的话。齐提高一点就变成鲁，鲁再提高一点就是道了。齐与鲁是不一样的，齐地有优良的商业传统，这是姜太公留下来的传统。

山东刀氏家族，那里的风俗是看不起奴仆的，尤其是蛮横狡猾的奴仆，让人都害怕。但是刀间这个人很厉害，招引了许多这样的奴仆，而且放心让他们去"逐渔盐商贾之利"，还让他们结交官府，结果是"起富数千万"。这就是能利用人力资源而致富的典型。

周师氏

周师氏是指洛阳师氏家族。洛阳是东周天子之都，位于天下之中，最利于行商。东边和齐王做生意，西边和秦帝做生意，北边和赵帝做生意，南边和楚帝做生意。洛阳位于天下之中，是最好的做生意的地方。所以周师氏广泛开展商业贸易活动，资产达到"七千万"。这一榜样为洛阳许多人所模仿，甚至为了做生意而过家门而不入，成为一种风气。现在也有很多人为了做生意，晚上也不回家。

宣曲任氏

现在搞历史、地理的人都还没有考证出宣曲是什么地方，大概是在现在的陕西关中一带。任氏家族的祖先做过秦朝管粮仓的官员。秦朝将要灭亡时，英雄豪杰抢的都是金银财宝，只有这位任氏老祖宗独具慧眼，不抢金银财宝，只要粮食。楚汉相争，一共打了四年。四年下来，老百姓都无法种田了，没有东西吃了，使得一石米涨到一万贯钱。任氏有粮食，所有的金银财宝就自然而然都到了任家。

一般的富人有了钱都穷奢极侈，但任家却折节为俭，继续投资农业。一般人买田置地和购买牲畜，都捡便宜的买，而任家却挑质优价贵的买，保证质量优势，财运保持了很多代。

桥姚

借着农牧业起家致富的还有桥姚一家。他借边关的开放而得利，有马一千匹，牛两千头，羊一万只，粮食多至万钟，一钟是六斛四斗，也就是六百四十升。

长安无盐氏

此无盐氏到现在为止都不知道其始末，不知道他的老祖宗是谁，也不知道他的后代是谁。要不是司马迁把这个人记录下来，我们都不会知道，其他的史书上都没有记载这个人。他的发财就是靠第一桶金，这一桶金是靠冒险而得来的。汉景帝三年（前154年），吴、楚等七国叛乱，住在首都的这些列侯封君都要充军，都要去攻打七国，而且需要他们自己准备军服、军粮和装备。这些都需要自己出钱，可是钱从哪里来呢？他们的封地都在关东，不在长安，钱也都在老家，所以要借高利贷。

但很多人是不肯借钱给他们的，因为七国叛乱时，叛军声势颇大，连皇帝都害怕。汉景帝因害怕，于是用计诛杀晁错，想以此满足叛军"清君侧"的要求，换得叛乱的平息。此时，别人不敢借钱，只有无盐氏敢放高利贷，他赌皇帝一定会打胜仗，看准叛军一定会败。无盐氏就借高利贷给列候，利息是以一还十。三个月后，叛乱平定。无盐氏获息十倍，成为关中首富。这是典型的风险投资，需要眼光和魄力。

以上是西汉初年到西汉中期最重要的有头有脸的富豪。在这些人之后，司马迁还一笔带过首都长安附近地区的其他富豪："关中富商大贾，大抵尽诸田，田啬、田兰；韦家栗氏，安陵、杜杜氏，亦巨万。"这些人都很有钱。这是一个不折不扣的富豪排行榜，一点附会的成分都没有。

此外，在这个核心排行榜之前有一个先秦排行榜，我们所讲的先秦包括春秋、战国加上秦代，因为秦代只有十几年，所以历史上把秦以前都叫先秦。在此榜之后，汉代还有另一个小排行榜。

上小榜的这些人，所从事的多是所谓拙业或为时人所看不起的甚至是不道德的行业，但因为他们是"用奇胜"（出奇制胜），所以依然赚了大钱，上了榜。一共有九种行当，九种人物：

一、种田是最难以发财的拙业，但是秦扬这个人富盖一州，一个州有好几个郡。

二、盗墓是奸事，而田叔以此起家。现在盗墓也是很发财的，好多考古发掘队都是等盗墓贼挖完后才去的。

三、赌博是恶业，而桓发以之发财。现在还有人在澳门大发其财，普京、金沙这些赌场都是发财的地方。

四、跑单帮是为人最不齿的贱业，但是雍县有一个乐成以之富饶。

五、贩卖牛羊油脂的人地位很低下，但雍伯以此致千金。

六、卖淡酒，就是卖浆，只是小本生意，但是有一位姓张的靠卖淡酒成为千万富豪。

七、磨剪子锼菜刀更是薄技小道，有谁想到会发财？而有一位姓郅的，却能够做到钟鸣鼎食。

八、做腌腊生意实在是容易，就是熟食、卤猪肚、酱油鸡，这些很容易，但是有一位姓浊的由此做到驷马连骑。

九、当兽医只不过开些粗浅的药方，医兽不如医人，但张里这个人却因之而富贵。

以上九个人就是九种行业的代表。

先秦还有一个简明的排行榜，有七名超级富豪。先秦五人：

一、范蠡，"十九年中三致千金"，"子孙修业而息之，遂至巨万"。

二、孔子门徒子贡，"结驷连骑，束帛之币以聘享诸侯"。

三、周人白圭，"乐观时变"，以"人弃我取，人取我与"的办法而发家。

四、鲁国的猗顿，用盐起家。

五、邯郸郭纵，"铁冶成业，与王者埒富"。

这是先秦五大富豪。

秦代有两个人：一个是乌氏倮，靠畜牧发家，牲畜多到用山谷来衡量。他的牲畜不是用"头"来计数，而是以"谷"来计算。另一个是巴寡妇，四川的巴寡妇叫清，她的祖先有一个丹穴，"擅其利数世，家亦不訾"。

先秦五个加上秦代两个，共七人，真的是做什么都可以发财，就看你的本事。只要你发财，司马迁就会把你放入排行榜，要是没有司马迁的记录，两千多年以后的人怎么会知道呢？这些都要感谢司马迁。

当然司马迁并非鼓励奸业贱行，他并不是鼓励大家去搞赌博、去盗墓，只是作为历史学家，他敢于担当，历史上存在这样的现象，他敢于把这些事情如实地记载下来。

可惜千百年来，很少有人能赏识司马迁这种思虑过人之处。在西汉中期儒家已经被宣布为"独尊"的时代，司马迁仍然特立独行，指出能发财致富的人也是"贤人"。这样做是不容易的，因为"贤人"都是孔老夫子的学生，而孔老夫子是圣人，只有孔老夫子的学生才是"贤人"。司马迁没有明说这些人是大家的榜样，但目的却是公开的，那就是"令后世得以观择焉"，意思就是让后代的人看着办吧：我所记载的这些人，你们会不会向他们学习，那就是你们自己的事了，历史上有过这样的事。司马迁做这样的事，是冒着危险的，所以后世有人说《史记》是谤书。

好在有司马迁这个人，有《史记》这部书，我们中国得以光辉不少，得以与世界其他有历史的文明古国称兄道弟，甚至能够比他们还了不起。要是没有司马迁，我们就会减色不少；没有《史记》，我们就要减色不少；没有《货殖列传》，我们也要减色不少。

《货殖列传》还有其他方面的各种启示意义，除了列出空前绝后的排行榜外，还在经济学方面有许多感悟，对后世有许多启发，我们略引一些警句为例：

"无财作力，少有斗智，既饶争时。"就是说，没有钱的人只有下力；稍微有一些钱了就斗智，就看谁的智力更强，谁的钱就赚得更多；已经有很多钱了，或者已经有相当的财富了，就开始争时了，时对了财产也就多了。

"用贫求富，农不如工，工不如商，刺绣文不如倚市门，此言末业，贫者之资也。"

……

司马迁还特别注意在发家致富过程中"时"的作用，显见他对市场经济观察之深切。他称范蠡"与时逐而不责于人，故善治生者，能择人而任时"。赞白圭"乐（善）观时变，故人弃我取，人取我与"。争时是理财的最高境界，所以要"既饶争时"，"与时俯仰"。

最后做一下总结：读史不读《史记》等于没有读史。你说自己已经读了很多历史书，但没有读《史记》，那等于没有读过历史书。读《史记》不读《货殖列传》，等于没有读过《史记》。此传不仅传人物，而且揭示经济规律，是传与书的结合。

我要给大家讲的《货殖列传》基本上就是这些内容，我能讲的《货殖列传》只是其中的核心内容、核心思想，我希望大家能够自己认真地去读一读《货殖列传》，而且希望大家能够读原文，慢慢地读，你一定能读懂。等你读了《货殖列传》后，就可以比较神气地说：我读过《史记》了！否则的话，你就不能说你已经读了《史记》。如果读了《史记》，你就可以说自己已经读了史书了，否则你就不能说自己已经读了史书。

（本文曾收入《12 堂文学阅读课》，上海交通大学出版社 2017 年版）

下辑｜访谈

一个人做学问最好有九条命

问：您指导的研究生共有几名？您带研究生最大的心得是什么？

周振鹤：硕士、博士总共有三十几个吧。最大心得是尊重研究生的学术兴趣，鼓励他们独立思考。

问：您原来是工程师，为什么后来选择走上学术研究的道路？在奋斗的过程中有哪些宝贵的经验可以分享？

周振鹤：因为过去数理化念得好，我们当时的风气，自然是要考理工科的，而且还更偏重于工科，但心里始终很喜欢文史，喜欢人文科学。在这方面的训练我们虽然不如老师一辈，但在当时还算好，实际上我就只依靠高中的文史基础与自己的自学成绩贸然报考了历史地理专业。

我是以旁门左道的身份进入历史地理专业的，所以不能说有什么经验。但有一点我认为比较重要的是，我的学术兴趣比较广泛，不将知识范围限制在自己的研究领域里。另外，我还有一点刻苦精神，读书能刻苦，做研究也能刻苦，做不出来不肯放手。我的特长也许是考证，比较善于在史料不足的情况下，恢复历史的原貌。我不敢说我是好学深思之士，但我的确极喜欢读书，或者说除了读书与旅游以外，我没有其他兴趣了。而对书的嗜好尤其厉害，家里的摆设只有书。另外我还有个缺点，就是喜欢不务正业，只要感兴趣的东西，不是本专业的也想探个究竟，所以在近代新闻史、语言接触方面也做了些研究，但这不足为法。

问：在研究生培养过程中，如果自己的学生在学术上很好但是在品德上有一点问题，您会怎么处理品德与学术之间的矛盾？

周振鹤：对学生我主要关注他们的个性。只要品德上没有什么出格的，就不会太引起我注意他们的道德问题。在品德方面我多半是不正面说的，我做我的事，他们自己看着办。从我的角度来讲，如果一个学生学术做得非常优秀，但品性有一点小问题，我觉得可以教育好，我还是愿意要。因为人才还是很重要的。

问：您心目中的好导师有哪些人选，他们在学术或人格的哪些方面影响了您？

周振鹤：我心目中的好导师主要就是谭其骧先生了，跟其他老师接触也少。如果说古代与近代学者中我的偶像是钱大昕与王国维，现代就是谭先生了。谭先生做学问特别认真，他把做学问当生活过，肯从事艰苦考证的工作，且有独立的见解，从不人云亦云。谭先生有些话给我印象非常深，当年他当上学部委员时，我们向他表示祝贺，但他说，现在学部委员当中，浙大出身的是多数，学部是老委员选新委员，浙大出身的学部委员认识我的自然就多。这种话现在有谁会说呢？所以谭先生的人品与学问一直是我的楷模。像谭先生这样写了许多在当时有影响的文章，以后还要继续影响下去的学者，现在看来是太少了。

问：您要求您的学生具有什么样的品德和学术规范？是怎样要求他们做到这些的？

周振鹤：在复旦大学研究生院建院二十周年年会上，我引用了前人的一句话说："学以求真，不在致用。用以济民，不在干禄。"这就是我对学生的要求。做学问先要求真，而不是先问它有什么用。如果将学问应用到工作当中去，目的也是为民众服务，而不是为自己的仕途升迁。我觉得这里品德与规范都有了。具体而言我希望他们做学问不要浮躁，要踏踏实实，不要求他们多发文章，而是要打下扎实的基础。

问：您认为复旦校园中的研究生有哪些优势？有那些不足？可以从哪些方面进行改进？

周振鹤：复旦的研究生没有多大优势，但如果是从复旦本科或其他优秀的大学升上来就有优势。复旦的本科生比较强，因为入学比较严格，基础比较好。其他方面的优势我说不上，只有一个优势，就是复旦的氛围。因为复旦是文理科综合大学，而且有传统的文理科综合的优势，有文科理科教师举行讲座的优势，让学生可以从两方面得到教育，这比较要紧。复旦的优势恐怕就是这点，它是文理科综合大学。

缺点也有，因为扩招相应地降低了研究生的水准。虽然复旦不算严重，但也有影响。

做研究生和做本科生不一样，最好导师有个性，学生也有个性，那样就可以做出一些成绩。如果导师比较平庸，没有个性，一切都是程式化教育，学生也平庸，成为程式化学生，那样就没有什么成绩。谭先生喜欢跟学生闲聊，但学生要跟老师聊得起来，就必须有底子，如果学生没有准备，没有基础，没有资质，就聊不起来了。我对学生当然也希望这样，但现在有时达不到。

问：作为一个学者，最引以为自豪的事有哪些？

周振鹤：比较欣慰的，不能说自豪的，就是薪尽火传。说句笑话，一个人做学问最好有九条命，很多大学者都是带着一肚子学问离去的，能够做到薪尽火传，就等于有九条命了，这是最令人感到欣慰的。至于最自豪的，大概是能在学术的大道上很踏实地打上个脚印，以后其他人研究某个学术问题总绕不开你，这就够了，至于说著作等身，那倒是次要的。能在学术上有个脚印这一生就没有白过。谭先生有一次和我一起散步，走在路上，指着路灯下打扑克的老人说，我们做历史地理的好处就是老了以后不用这样打扑克，能有事做。话似乎平淡，但一个真正的学者，并没有什么特别，如果说有些特别的话，那就是将学术研究当成生活来过。大约在政区地理、政治地理与文化地理研究方面，我可以算是有自己的脚印的。文化语言学方面或许也可以算是有开创之劳。

问：您平时是如何关注研究生生活的，如他们在经济、心理上遇到问题与困难等？

周振鹤：我比较少关心，但碰到研究生有困难的，会具体帮助，在经济上有时也会关心。另外也想办法争取一些事情来让他们增加一点收入。如做英文大百科全书中国历史部分稿子的订正，给学生提供了一点补助。有时自己解决不了，也争取让所里出面帮助。

问：您平时与研究生主要是哪方面的接触？除了业务指导外，还有别的交流吗？

周振鹤：最主要的是教学方面交流，或是聊天。我很少请研究生的客。我是有名的不大请人吃饭也不大被人请吃饭的人。

问：您是怎样定位与所带研究生的关系的？纯粹的师生还是亦师亦友？

周振鹤：应该还是亦师亦友。我这个人比较喜欢交朋友，但是要交谈得来的朋友。

问：您对当前的研究生及研究生教育有何评价或期望？

周振鹤：研究生教育还是要以质量为主，不要以数量为主，质量比数量要紧得多。研究生大量扩招不大合适，另外，我们现在的博士没有淘汰机制，凡是招了进来的都戴帽子出去了，全世界没有这样便宜的制度。所以我公开投过博士生论文答辩的反对票，我指导的博士生也有人没有拿到学位。我认为现在研究生教育制度中对质量要求不大严格，有的博士学位论文非常平庸，没有创见，完全是拼凑的，甚至连学术著作都是这样，名家都是这样，大家都要获取大名誉，要抢摊，没有什么学术积累，就大写某方面的专著，这种风气很不好。

问：您有没有座右铭？如果有，是什么？

周振鹤：我似乎没有什么座右铭，我也不知道谭先生的座右铭是什么。但我五十岁时，谭先生送我一幅字，上面写的就是我们两人都很喜欢的几句辛弃疾的词："我见青山多妩媚，料青山见我应如是。情与貌，略相似。"

问：您认为您最近的新的突破是什么，最满意的成绩是什么？

周振鹤：我对政治地理有更深的认识。过去着重于做具体的政区变迁考证，最近逐渐转向理论思维，可以说大体上完成了从政区地理研究到政治地理研究的转向和提升。另外还有一个小小的成绩就是近代史料的搜集，我在这上面花了不少精力，可以补充公共图书馆的收藏。

问：在治学过程中，您是怎样形成自己的风格的？

周振鹤：很重要的一点就是专中求博，博的目的是为了专深。博士的题目可以窄而深，知识不可以窄而深，绝对要宽了才能深得下去，否则你就没有联想，不能同时具有发散思维和收敛性思维。很多人怕接触专业以外的知识，这是不对的。专业以外的知识能使你联想到光靠本专业学习不到的知识，所以不要怕学习不相干的知识。我本人是从理工科来的，理工科的思维就对我有作用，让我在考证方面比较擅长。到复旦来，是先进历史地理门，再进而历史，同时我又对语言感兴趣，所以再有语言和文化关系研究、中外文化交流研究等。所以如果担心离开本行就会把本行的东西丢掉，这样只能证明你对自己的能力不是那么自信。而且知识的拓宽对专门知识的加深有好处，很多东西都是从其他学科联想而来的，绝没有多读不相干的书会把本专业丢掉的道理。

问：您有没有特别的培养学生的成功经验？可不可以谈一些具体的事例？在指导研究生的过程中，有什么令您印象特别鲜明、感触特别深刻的事情？

周振鹤：我比较主张教智慧，而不是教知识。一要教学生如何获取知识，二要教他们如何做学术研究。所以一般我不帮学生想选题，因为学术兴趣很要紧。当然，有的导师是把学生组织到自己的科研小组里头，这当然很好，但我一般不大这样做，我比较尊重学生自己的学术兴趣，就是他自己喜欢做什么，因为这个是最要紧的。一个人做研究，兴趣是很大的动力。过去许多汉学家研究中国，并不是用来混饭吃的，而是他们自己有兴趣。但如果他们没有特定的学术兴趣，我也帮他们出题。有时候他们提出的选题不合适，我也会断然反对。比如去年毕业的一个博士生本来想研究民国财政史，可是新中国成立前这方面的著作八卷本都写出来了，以他的条件，不大可能超过。后来我给他建议了两个选题，他选择了亚洲文会。他原来英文并不是特别好，但做这个题目非要英文好不可，他刻苦攻读，写出了一篇像样的论文，参加答辩的人都很满意。所以尊重学术兴趣，选对题目都很要紧。我很多学生研究的东西跟我做的项目没有关系，要从学生出发，不是从自己，做老师要以学生为重。

人的脑子多少都有点偏向，有的擅长考证，有的擅长爬梳资料，有的长于作理论思考。要注意发现学生的不同特点而加以指导，让他们发挥最大的特长，才能写出最好的论文，而不要对他们有千篇一律的要求。我指导的那些优秀论文，主要是博士生自己的能力所致，我如果说有什么心得，不过是让他发挥自己的长处罢了。还有一点很重要的是，优秀的博士生是能与导师教学相长的，不但是你教他，他也能教你。我的学生中就有让我受益的，不是哪一个具体问题受益，而是在互相启发中思维受益。所以我说我和学生之间的关系是亦师亦友，还有这方面的道理。

（本文为复旦大学校园媒体所作的"研究生心目中的好导师"候选人访谈）

能完成自己的学术使命我就满足了

目前所能达到的最好的精确度

南方都市报：这部《中国行政区划通史》与之前国内其他的行政区划史有何不同？

周振鹤：国内尚未出版过任何中国行政区划史著作，即使内容是有关中国行政区划变迁的，也不以行政区划史为名。已出版的有关中国行政区划的著作，多是介绍性的、综述性的，而这一部主要是考证性质的，是全面研究行政区划历史变迁的著作。

南方都市报：学界人士提到这套书，都会提到"逐年复原"这一点，认为非常不简单，特别对于远古时期比如先秦、秦汉，可想而知难度更大。如何能够做到这样的精确度？

周振鹤：其实，"逐年复原"的确难度很高，不可能全部做到，只能力争做到。这是取法乎上的意思。我1983年写《西汉政区地理》就逐年复原了西汉一代郡级政区的数量与名目。东汉以后直到民国，郡、州、路、府也都能做出，但县一级在唐以前的逐年复原则较难。至于魏晋南北朝时期因为史料既奇缺，行政区划变化又十分紊乱，逐年复原就很难做到。先秦则是行政区划产生与形成的时期，许多情况还十分朦胧，也不可能做到逐年复原，将来恐怕也不可能。所谓书缺有间，有些历史问题如果没有发现新的文献资料，恐怕会永远是空白，这也是无可奈何的事。但整部书的参与者都是以断代史和历史地理研究为专长的学者，他们对文献的运用十分娴熟，又具有考证研究的基本功力，再加上极端认真的态度，自然要做到目前所能达到的最好的精确度了。

南方都市报：这样一套历史地理学著作，学术上的意义在哪里？对现实社会有什么意义？

周振鹤：最重要的学术意义在于填补了一项学术研究的空白。在专门史里，在历史地理领域，完整的行政区划史一直处于空白状态。此前通代的行政区划变迁只有以地图形式表示的谭其骧先生主编的《中国历史地图集》为代表的历史地图集，而以文字形式表现的中国历代行政区划变迁，只有新中国成立前少数以中国疆域沿革史一类名称出版的，篇幅较小或很小的简史。以后主要是90年代之后的一些比较简明的著作，但这些大都不是研究性的成果。第二个意义是在复原行政区划变迁全过程的基础上，理解变迁的原因，总结变迁的规律，进而为当代与今后的行政区划改革提供建议与思路。第三则是以中国两千多年的政区变迁事实为基础，使构建小尺度的政治地理理论成为可能。而在世界学术领域中，小尺度的政治地理相对处于比较空白的状态，因为其他国家都没有中国这么丰富的系统的行政区划变迁资料可作为依据。

南方都市报：研究行政区划在历史上的变迁，对现在中国富有争议的国境线问题，是不是会有一些指导性的作用？

周振鹤：对于历史上的国界的研究主要是疆域史、边疆史地研究的范围，至于国境线走向与方位的确定是更复杂的问题，并不在行政区划史的研究范围内。但因为疆域是由行政区划（包括正式政区与准政区）组成的，因此行政区划史研究就可以告诉我们，凡是中原王朝曾经设有行政区划的地方，必然当时都属于该中原王朝的版图，因而行政区划史的研究是与疆域史研究密切相关的。例如在汉朝的东北地区，就设有朝鲜四郡，一直管辖到今朝鲜半岛南部，在南方则在今越南北部与中部设有交趾等三郡。但这是历史上西汉王朝的疆域范围，与今天的国境线的形成并不是一回事。

一旦考证出了难点，就有无穷的愉悦

南方都市报：我了解到，您是厦门大学和福州大学矿冶专业毕业。您是如何走上历史地理学的研究道路的?

周振鹤:我读书较早,1958 年就中学毕业。当时的风气是,数理化成绩好的人不会去考文科,我也是如此。那一年是在反右派之后,家庭成分直接影响录取。我父亲是右派,我家成分是工商业者,因此我考试成绩再好也不可能考上太好的大学与所谓好专业。能被录取,并入矿冶系采矿专业就已是万幸。因为我内心一直还是喜欢人文学科,从小也喜欢读书,所以 1978 年恢复招收研究生时就贸然参加考试了,但报考时不知道历史地理专业的性质是什么。

南方都市报:这么说您读历史地理专业带有某种偶然性,那什么时候您真正喜欢上这个学科?这个学科的魅力在哪里?

周振鹤:我是第一届的研究生,大概那一届多是十数年沉淀下来坚持读书的人。所以相互间影响很大,都很努力学习。考进来纯粹偶然,是根据考试科目来挑选专业的。当时历史地理专业的考试科目是中国通史、中国地理与古汉语,这三门我把握较大。我只有一个多月的备考时间,基本上是靠原来积累的知识考上的。复试较难,考到根据《水经注》画图这样的题目,而此书我根本没有读过,纯粹根据文本将图画了出来。虽然笔试与口试成绩都很好,但其实是来到复旦以后才真正理解到历史地理是研究历史时期地理现象的学科,并不是历史加地理。而读下去不久,就十分喜欢这个学科,大约因为必须做许多考证的缘故,考证如同解数学题。譬如,看到《汉书》记载西汉某诸侯王因获罪,其王国被"削二县"一类记载,就有一种非要弄清楚"所削到底是哪二县"的冲动。尽管类似的问题并不可能全部被解决,但一旦考证出了一个难点,便觉得有无穷的愉悦,跟中学时代解出一道几何难题,大学里解决一道微积分难题一样兴奋。也许这就是历史地理学科最大的魅力所在。

南方都市报:对历史地理学家来说,"读万卷书、行万里路"是否非常重要?您是不是也走过很多地方?

周振鹤:研究历史的人一定要读万卷书,这是必要条件。当然现在许多人是"薄积厚发",看一点点书,就有很多著作出来。行万里路则是充分条件,最好如司马迁那样,有几乎遍历天下的经验。而对于历史地理学者而言，行万里路也应该是必要条件，至于其他领域的学者就不一定要有这样的准备。我是走过许多地方，若按照省一级政区而言，我很早就走遍了所有省、直辖市、自治区、特别行政区与台湾了。国外也去过许多地方。与一般人旅游可能会有些不同，也许看得更深入一些。譬如，在日本高野山看到的东密的佛与菩萨的形象，我就发现与在西藏看到的藏密的佛与菩萨的形象有别，这可能是一般人发现不了的。

南方都市报：历史地理学被认为是很具有"发散性"的一个专业。它的发散性表现在哪里？成为一位历史地理学专家，困难在哪里？

周振鹤：历史地理资料除了在正史地理志里比较集中外，在其他文献里往往比较分散，必须深入全面地搜集，有时片言只语都有很大的用途。即使在地理志里，有时一不小心也会漏掉材料。我就是从《旧唐书·地理志》一句重要的话里得到启发，而分析出唐代安史之乱以后，有一次自北而南的大移民活动的。这句话是："自至德后，中原多故，襄邓百姓，两京衣冠，尽投江湘，故荆南井邑十倍其初。"说明安史之乱后，长安、洛阳的官员以及今河南湖北交界处的人民都南走到荆州以至湖南湘水流域，以至荆州户口膨胀了十倍。荆州如此，南方其他地方如何呢？仔细考察其他文献后，发现从江南到赣北都有大量移民到来，于是安史之乱以后北方人民南迁的事实就浮现出来了。这一点过去没有被人注意到，所以在文献上花功夫很重要。当然这里的文献指的是传世文献与出土文献，并不是一般意义上的书籍。除了收集资料要完备外，还要善于联想与推理，才能在史料不足的情况下复原历史的本来面目。有时遇到史籍记载的材料自相矛盾，更要认真分析，反复思考，才能判断哪些史料正确，哪些靠不住，才能依靠正确的史料研究出正确的结论来。

多关心世界，做对人民有益的事

南方都市报：您和葛剑雄被称为"双星"，是历史地理学界的著名学者，也是活跃参与社会话题的知识分子。

您怎么看待知识分子介入社会话题的讨论?

周振鹤:如果从西文意义上的"知识分子"这个词来看,是应该积极介入社会话题的。不过我参与得不多,只是有时写一些时事评论而已,写得集中一些的是 2005 年在《新京报》上的时评。有些时评我是很认真写的,但可能会使有些人觉得不舒服,后来我自己觉得作用并不大,比如批评厦门鼓浪屿打算收上岛费 80 元的事,当时也许起了作用,但隔了一段时间以后,还是收了,所以现在基本上不写了。其他时候写得多的还是学术随笔,但即使写这样的随笔有时也要得罪人。但我认为正常的学术批评是必要的,我也希望有人能在学术上给我以批评。

南方都市报:是否对历史地理学家来说,会有更多的参与社会讨论的知识基础?比如对环境问题、行政区划问题、历史问题等,都有发表议论的空间?

周振鹤:对。历史地理本来是比较纯学术的研究。但事实上,因为同时具备历史学与地理学的背景,有时还要有政治学、经济学与其他学科,以及自然科学的修养,所以思路比较宽,牵涉的话题比较多,议论空间比较大。但同时负担也比较大，要比其他专门学科看更多的书，走更多的路。

南方都市报：除了学术上的追求之外，在公共知识界，您有希望达到的目标吗？

周振鹤：有。我希望年轻学子能记住章太炎说过的一句话："学以求真，不在致用。用以济民，不在干禄。"能够多读书，在学问的求真上努力；多关心世界，将自己所学用于做对人民有益的事。任何一个学问家都是带着满肚子学问离去的，没有一个真正的学者能做完自己想做的事情，因为一个人的生命有限，思想的丰富性往往远远超过天赐的生年，所以许多学问都要薪火相传，才能使学术得到良好的发展。骄与躁永远是阻碍学问成功的大敌，只有不骄不躁，才能有真正站得住脚的学术成果行世。我没有什么特别高尚的目标，只能完成自己的学术使命，并且希望能培养几个与自己志同道合的学生。

南方都市报：听说您最大的爱好是藏书？

周振鹤：实际上我最大的爱好是读书，并不是藏书。

现代人谈不上藏书的，因为过去藏书标准很高，总得有很好的珍稀版本或珍贵稿本、抄本才算得上藏书。现在也许有少数人够得上吧，我不大清楚。但我自己是够不上的。因为喜爱读书，自己就要买书。书读得多了，就渐渐知道什么书有用、什么书可贵、什么书罕见、什么书在学术上有价值。

我买书多半不是买版本价值高的，那些书其实我也买不起。但会留心一些别人不注意的书，即所谓目录学不讲、图书馆不收、藏书家不重的书。如果买到一部一般人不注意而有价值的书，当然是很高兴的事。有一次我到桂林去，在一个十分不起眼的地方，买到了一本刻得十分拙劣的旧线装书，而且很破烂，这样的书是没有人会要的，但仔细分析，却发现这本书很可能是明末坊刻的普通书，因为普通，从来没有人会收藏它，所以不可能传世。但从中却可以看见当时一般百姓如何找乐子，看到拗口令的最初模样，很有意思。当然这是可遇不可求的事，碰运气罢了。

（本文原载于 2007 年 12 月 24 日《南方都市报》）

谈上海行政区划的变迁

上海书评：上海作为一个独立政区的形成过程是怎样的？

周振鹤：上海与北京、南京、西安等城市的发展不一样，存在一个成陆问题。上海的成陆比较晚，以前有记载说申江（黄浦江）是战国时期楚国的春申君黄歇开的，这是靠不住的，黄浦江的下游当时还在海里。上海是因为长江带来的泥沙沉积，从西部到东部慢慢成陆的，现在浦东的大部分地区更是晚到公元4世纪以后才逐渐成陆的。

上海成陆以后，由于僻在海滨，发展比较慢。到唐朝天宝十年（751年）的时候，才从昆山、海盐、嘉兴三县分出部分地区，在现在的松江区所在地成立了华亭县，也就是从这时候开始上海地区才有了县级的治所。之前这里只是几个县交叉的地方，它本身不是一个相对独立的县级行政区划，只是处于几个县的边缘地带。天宝十年（751年）之后，因为已有一定数量的居民聚居，所以单独设县，这个县的建立是经济开发的标志。

华亭县的范围包括现在上海直辖市的南半部，即吴淞江故道以南的地方。现在的上海主要由吴淞江故道的南北两部分构成，南边属于秀州（嘉兴），北边属于苏州。华亭是属于秀州管辖的，所以上海话的较早源头是跟嘉兴话关系密切的松江话，而不是苏州话。

上海书评：上海这个名称是什么时候出现的？

周振鹤：华亭县建立后，因为历来属于海疆的边缘地区，经济发展一直不是很快，直到宋朝才开始有发展。根据《宋会要辑稿》这部书的《食货十九·酒曲杂录》记载，在上海出现了"酒务"。所谓"务"，就是宋代收税的地点，北宋实行酒类专卖，设置酒务的地方必然是比较大的集市，可以供人赶集买酒。当时秀州地区有十七个酒务，其中就有"上海"的名称。这是文献中第一次出现"上海"这个地名，时间是北宋天圣元年（1023年）。比酒务更高一级的是税场，当时秀州有七个税场，包括在城（今嘉兴）、华亭（今松江）、青龙、崇德、海盐等，其中就没有上海了。设置税场，说明已经具有市镇的规模了，所以那时的上海还不是市镇，只是集市而已，当然，能成为秀州的十七个酒务之一，说明上海开始发达了。

上海属于河网地区，十里一浦、五里一塘，南北流向的称为浦、东西流向的称为塘。其中北向流入松江的有两条小浦，名为上海浦与下海浦。现在昆明路那里还有一座下海庙，上海浦则可能就是上海得名的由来。

北宋南宋之间，大量移民到南方来，上海也开始较快发展。到南宋的时候相对比较发达了，大致在南宋末年已经建镇，但是建镇的具体时间还没有文献能确定。镇原本是政治军事机构，到五代宋初的时候成为地区性的小规模经济中心，所以上海建镇说明经济已经比较发达了。

上海书评：上海县的设立是在什么时候？

周振鹤：南宋末年的时候，华亭县已经是东南的大县，与北方诸县相比非常富庶，在元灭宋的第二年（1277年），就将华亭县升为华亭府，第二年又改名为松江府。过了十多年，江南地区进行户口普查，发现上海镇的规模早已具备建县的标准，于是在元至元二十八年（1291年），批准上海建县，从华亭县分立出来。我认为建县是上海城市化的一个标志，我在1990年时建议以上海设县的1291年作为上海建城的标志，大家也基本认可。当然实际上，上海县的建立是在1292年，这一年从华亭县分出五个乡来设置上海县，这样上海县就独立出来了。这对上海是个关键年代，对上海城市的发展有至关重要的意义。如果到明代上海尚未单独置县，永乐初年就不会对吴淞江水系作彻底的改造，上海就可能会由于吴淞江的淤浅而衰落。

当时上海县的范围相当于现在上海市中心区的南部，即青浦区、原南汇区、浦东新区以及闵行区的一部分，完全是在吴淞江故道的南面。吴淞江的北面是嘉定县，南宋时就建立了嘉定县，清代又分出宝山县。上海的县城就在现在属于原南市区老城厢的那个地方，一直沿袭到上海设市之后。上海建县确实对经济有所推动。明朝时，为了防止倭寇，在县治所在建了城墙，位置就在如今的人民路、中华路，现在还留存了一小段，即旧大境阁一带。

上海书评：上海设市似乎很晚。

周振鹤：上海发展的第三个关键点是1927年上海设立特别市。整个清朝末年，自治的呼声很高。比如中国有很多镇经济发达，比管它的县，甚至上面的府还发达。像南浔很富有，但是行政级别很低，只是个镇，属于乌程县管，乌程县又归湖州府管。镇里人都看不起县里的人，因为县里不如镇上富裕。这说明当时的行政中心与经济中心发生了分离，上海也是这种情况。梁启超说过：中国的社会是"积乡而成"，这正好与西方社会"积市而成"有别。其实到清朝末年，有不少镇已经很发达了，但是不能突破府、州、县这样的传统的行政区划体系的躯壳，而单独设市。比如浙江的乌镇，它的河对面是青镇，乌、青二镇经济都很发达，却不但分属两县而且分属两府，如果合并起来建立一个市是很合理的，但在清朝原有的地方行政制度下未能实现。

中国市的建制直到1921年才出现，最早是广东省军政府在广州设市。其时省长陈炯明锐意改革，遂委托刚从美国学成归来的孙科设计市政，于是孙穷一夜之功写成《广州市暂行条例》，其中第三条说："广州市为地方行政区域，直接隶属于省政府，不入县行政范围。"这就是中国最早的城市型政区。这已经是辛亥革命十年后的事了，实际上非常晚了。

上海设立特别市也是一个飞跃，从县到市，而且是中央直辖的，地位很高。一方面是因为经济很发达，一个县容纳不下了；另一方面是由于租界的存在，所以上海市成立以后，租界就成为特别区。到1931年，上海县的县城也从老城搬出，上海市和上海县就彻底分开了。但是当时的上海特别市几乎没有什么腹地，只是由原上海、宝山两县所属的淞沪地区为范围，周围的县都属于江苏省，基本上是一个城市型政区，人口密集，工商发达。不到百年，上海不仅从一般的县城发展成为特别市，而且成为全国最重要的经济中心。

到了1958年，把上海市周围江苏的十个县划归上海。类似过程在国内其他重要城市也大致同步进行，主要是为了保证城市的农副产品供应，同时也让城市建成区的发展有足够的备用空间，以有利于城市经济的发展。

上海书评：上海开埠对于行政区划的影响也很大吧？

周振鹤：上海 1843 年的开埠，与设县、设市是另外一条线。原来上海市中心的繁华地带是在县城里以及县城的东南部。上海是个航运中心，不过主要是国内航运。上海既处于长江与东海的丁字口，又处于黄浦江与长江的丁字口，往北可以到东北，往南可以到广东。上海当时是一个河港，而不是海港。中国的港口原来大多是河港，海港是厦门与后来的青岛、大连这些地方。上海当时最繁华的地方是小东门一直到董家渡，这些地方属于城外比较繁华的，地方很小，就是原来南市区的那一块。

开埠以前，有些西洋人，像胡夏米、郭实腊等一干商人传教士，在 19 世纪 30 年代就到上海附近来窥探了，发现这里很有潜力。在此之前，中国一直闭关锁国，从乾隆中期以来，中国就只有广州一个对外通商口岸。洋人认为上海最有潜力，在《中英南京条约》规定开放的五个通商口岸中，福州是个传统的省级政治中心，腹地小，厦门的腹地也小，宁波虽然是一个府治单位，但是发展潜力也不如上海，洋人最看重的就是上海。

开埠不久，很多外国洋行从广州分一部分或直接迁到上海来建洋行。建洋行就必须租地，所以在城外的洋泾浜以北最先建立了英租界，然后法国跟进，租了洋泾浜以南的地方，美国人租了虹口。在县城北面，从外滩到河南路这一块是英租界，然后向西扩展，美租界与法租界也同样扩张，这样就形成了一个城外城。从此以后，城外的历史比城内重要。建立租界之后，城市建设更加现代化，建了洋楼，街道也很有规划。外国人的生活方式与中国人不一样，城市的繁华地带由上海县的老城厢以及城外的东南一隅转而为城市的北郊与西郊，建立的是欧洲式的城市。这时的城市建设在当时是非常先进的，法国巴黎大规模的现代化改造是 1850 年之后开始的，过去巴黎的城市也很糟糕，街道狭窄弯曲，一下雨就积水。这个改造的时间比上海建立租界还晚，所以 19 世纪 60 年代，欧洲人一到上海就感觉到老城之外完全是一个西方城市、欧洲城市。

上海书评：这些租界建设之前的土地是什么情况？

周振鹤：这些地方当时是很荒凉的，基本是田地和坟墓，尤其是坟墓，城北和城西是上海人建坟墓的地方。因为完全是郊外，所以地方政府租给洋人压力也较小。当时的《土地章程》还有一条规定，允许华人到租界去扫墓，不能干涉。这可以证明租界地区原来是很荒凉的，之后才慢慢建成一个现代化的城市。开埠对上海来说是在城外建立了一个新城市，道路的开辟、下水道的建设、卫生系统、城市管理，都是由公共租界的工部局、法国的公董局管理，工部局是中国人的叫法，实际上就是市政管理机构。上海这个城市建立起来后，一直到20世纪30年代抗战以前，已经成为世界的五大城市之一。日本人对他们东京的建设也很骄傲，但是东京没有外滩，外滩在世界上都是著名的。洋人最早租地就是从外滩开始的。洋人在上海租地都必须进行登记，由上海道颁发所租地的地契，俗称道契。从道契中可以知道，租界是从外滩开始一直向西扩展，东西方向开辟了几条马路，后来就成为南京路、九江路、汉口路、福州路、广东路，南北方向开了四川路、江西路、河南路，河南路也称为界路，一开始租界是到河南路为止。后来又往西扩展，你看地图上湖北路是弯的、弧形的，可能很多人没有注意到，因为它原来是跑马场外围，跑马场最初不是在人民广场那里的。

租界变成城外城、国中国，上海县政府管不到它，跟租界打交道的是苏松太道（也就是上海道）。与洋人打交道，上海县级别偏低，江苏布政司级别又偏高，于是选择了道。道比府高一级，但不是一级行政区划，只是一级行政管理层。省、府、县是三级行政区划，府与省之间划出道作为管理机构，有如现在所说的专区、地区一样。

上海书评：南汇区并入浦东新区的主要原因是什么？

周振鹤：南汇区并入浦东新区是具有中国特色的行政区划调整，因为地方政府的行政法规、行政管理都是在行政区划范围里进行的，地方官员的行政权力，止于行政区划的边界，过了边界，就无能为力了。中国的行政区划和经济区是相对应存在的。行政区划是刚性的结构，经济区本来应该是弹性的形式，经济的发展不应该受任何行政边界的影响。但中国有自己的特殊情况，行政区与经济区成一体状态。如果不把南汇区并进去，在浦东新区进行综合改革的那些先行先试的法规、法令、措施，就不可能在南汇区实行。实际上三年前浦东发展研究院就在研究能否使浦东与南汇联动起来。比如把浦东的先进制造业移到南汇去，腾出空间来做金融业等先进的服务业。在浦东建设两个中心的核心功能区，并不是在整个上海都实行的，而是在浦东先行先试，南汇如果不并入浦东，浦东的发展范围就受到限制了。简单说，就是必须适度调整行政区划来适应、促进经济的发展，使经济区与行政区重新获得一致。地方政府既然是经济行为的指导者、执行者、操控者，政府执行政策的范围必定受着行政区划的限制，所以必须不断调整行政区划，以适应经济的更快发展。

上海行政区划的变迁可以这样简单概括：上海县是从松江（华亭）分出来的，南汇是从上海分出来的，川沙又是从南汇分出来的，浦东新区是以川沙为基础，再加上原杨浦、黄浦、南市区的浦东部分建立起来。随着浦东新区的经济发展，倒过来又将南汇区并入。浦东新区的设立及最近的变迁，总的原则就是寻求比较合适的行政区划来更好地发展经济。如果行政区继续与经济区挂钩，那么将来浦东新区的进一步变化不是不可能的。

（本文原载于 2009 年 5 月 30 日《东方早报·上海书评》）

历史与戏说的距离有多远

龚丹韵： 新版电视剧《三国》毁誉参半，三国迷们对电视剧是否"忠于原著"或者"忠于历史"纠结不已。作为历史学者，您怎么看？

周振鹤： 任何转化成文学作品（或文化产品）的历史故事，难免需要添加因果逻辑的想象、环境场景的渲染、人物心理的描写等，这些永远是后人的揣测，不可能百分之百忠于历史原貌。没有这些主观的东西，影视剧根本就没法拍，故事而已，何必过于较真。

陈寿写的《三国志》是正史，因为太过简练，裴松之为《三国志》作注时，就已经增添了很多野史的内容。在经年累月的传播过程中，三国的故事继续丰富，虚构内容不断叠加，越来越吸引大众，最终在元朝诞生了《三国志通俗演义》。那显然已非正史，而是融合了历代接受过来的野史戏说和罗贯中自己的想象推理。比如说，"失街亭"和"斩马谡"之间并无"空城计"，但"空城计"虚构得很精彩，观众很爱看，如果历史学家以不符合史实为由，硬要把这节删去，岂不很傻？

龚丹韵：新版《三国》，既非小说《三国演义》的改编，也非正史《三国志》的演义，而是选择从曹操视角讲述编导们心中的三国。然而，一些老三国迷不满于给曹操"翻案"，认为这不符合中国传统的历史观。您怎么看待演义作品里的历史观呢？

周振鹤：从来，中国人就喜欢好人好到高山仰止，坏人坏到罪不可赦，如此才有样板的价值。鲁迅就说过《三国演义》"状诸葛之智而近妖"。诸葛亮如果可以呼风唤雨，那真成妖怪了，但是写他深谙天文地理，可以推算东风之将至，就是"近妖"。可以说，树立"高大全"形象，是我们由来已久的传统。所以五四运动之后，郭沫若才要给曹操翻案。所谓"翻案",当然不是把曹操从坏人直接翻成大好人。目前史学界对曹操的评价,较为公认的观点是:曹操对结束东汉末年的战乱、实现统一有功。曹操自己就说如果不是我,还不知道要有几人称王,几人称帝。这句自我评价深得史学界的赞同。但他为了达到个人目的,可以不惜采用任何手段,所以说他是奸雄无妨,说他是英雄亦没有什么大不妥。关键在于你是看他行为的后果,还是判断他行为本身。

现实是诠释历史的最好视角。因而,现代人看三国和老一辈人看三国必然会有不同。同一件历史事实,前三十年来看和后三十年来看,评价也可能不同。所谓"违反传统历史观"恐怕是因为过去老百姓的审美判断,普遍喜欢极端化的人和故事。而现代人越来越讨厌样板,讨厌"高大全"的虚假形象,后人对历史的指指点点,都是从自己的立足点和感受出发的。"一切历史都是当代史",从这个意义上说,不同时代的人当然会从不同的视角重新自我表达,只是别太出格就行。中国戏曲把曹操画成白脸,你稍微给他涂上一点红,有什么不可以呢?横竖都是后人添上去的色彩。

龚丹韵：但是也有历史性和文学性结合得很好的例子，比如司马迁的《史记》，是二十四史之首，也是公认的文学经典。

周振鹤：《史记》的历史性已经处在边缘，再差一点，可能就要逸出正史而进入文学的范畴了。《史记》是历史与文学结合得最好的典范，关键就在于火候如何掌握。没有文学性的历史令人面目可憎，纯文学的故事则让人感到不可信。称赞《史记》者多是为其文学才气与史学见识所震慑，主要还不是由于其纯粹的实事记录。史要信，但究竟信不信，一般人并不容易知道。

电视剧《康熙王朝》算是拍得可以了，可细节上也有问题。比如与俄国签《尼布楚条约》时需要翻译，康熙在传教士中找到两个会俄语的。其实历史上，这两个传教士一为法国人一为葡萄牙人，不可能懂俄语，因为俄语绝非俄国以外的欧洲通行语言，连俄国宫廷长期流行的都是法语。所以其时谈判用的是拉丁语。这点细节，也不是所有历史学家都知道，所以没人提醒二月河，也没人告诉编导，实属正常。做到万无一失，太困难了。

为了传播的效果，有时候不得不牺牲史实。比如关于张衡的历史记载不多，拍张衡的电影时，我的老师被请去对样片提意见，曾指出从洛阳到南阳非得走陆路，必须坐车，不能乘船，但结果导演还是让张衡坐船回老家南阳了。这我能谅解，船是慢慢开的，这样才能摆手作别，有感情的流露，坐车一扬鞭马就跑了，没法体现情感。

龚丹韵：历史学在史实的辨别上，真能不带自己的主观判断吗？

周振鹤：历史不容想象，但历史也无盖棺论定。史学界本来就分好几个领域。搞历史编纂学的，搞历史地理学的，就比较重视再现历史原貌。饶是如此，有时也会不自觉地把材料往事先设定的问题上倾斜。所以傅斯年一再强调历史学就是史料学，有几分材料说几分话。史料真伪的判断相当困难，必须取精用宏，由表及里，点石成金。钱大昕和王国维可以说是我的偶像，如钱氏，就不但能发现历史记载有误，而且知道错由何来。

当然也有些史学家，把诠释看得比事实更重要。我不反对解释历史，推理因果，揣测规律。中国自古以来并没有纯粹意义上的历史编纂学，那样的学问应该与科学研究一样，只问事实，不评功过。但中国人历来重视经世致用，历史要起垂鉴资治、吸取统治经验教训的作用。司马迁更要究天人之际，通古今之变，成一家之言。要致用有时就必须增加文学意味才能引人入胜。对一般人而言，历史有惩恶劝善的作用，要发挥这个作用，也要有文学色彩，有虚构成分，将事件变成故事，才有意义可言，也才能有广大的受众。

大众从自己的角度出发去解读，才会热闹，虽然未必都是真正的"历史观"，更多的只是"故事观"，甚至"价值观"。所以历史影视只要不是无理取闹、哗众取宠，观众也就应当容忍各有各的诠释。历史读得多了，自然明白个中道理。进一步而言，戏说虽为历史学家所不屑，却有一个重要的功能，那就是激起广大受众的兴趣，不少人即由此进入历史研究的行列，这不也是历史影视之一功吗？

（本文原载于 2010 年 5 月 29 日《解放日报》）

如何面对"网络语言入侵"

解放日报：近年来，关于网络语言的规范性问题争议不断。一位高考语文阅卷老师提醒考生：网络词语出现在高考作文中可能会被判为错别字。一时间，引发了"高考作文该不该对网络语言说不"的热烈讨论。对此您怎么看？

周振鹤：既然方言都可以成为通用语言，那么我们同样也没有理由全盘拒绝网络语言。像现在全民都说的"打的"，还有已经成为金融专门术语的"高企"，其实都是纯粹的广东土语。再如广东人讲的"烂尾楼"，多生动啊。经过自然淘汰，那些便于流传、富于创造性的词语，就会流传下来。这个过程不可阻挡。像"给力"就符合上述特

120

征，创造出了新的意义，因此就会受到认同，成为正式语词，尽管我个人并不喜欢。所以，网络语言既非全盘荒诞不经，亦非个个创意无限，我们不能一笔抹杀，也不能盲目追捧。这才是一个正确的态度。

其实不必过于担心，因为有一些东西永远也不会成为全民语言。比如"杯具"，这属于谐音，朋友之间调侃可以，但正式文章、规范场合绝对不行。试想一下，如果将《哈姆雷特》这出有名的悲剧写成"杯具"，那么我们对经典的敬意何在？语言学家维索尔伦在《语用学诠释》中也强调，使用语言必然包括不断地作出选择，而这种选择是有意识或无意识的，是由语言内部或语言外部环境所驱动的。语言使用者在选择语言的时候，必须与语境相顺应，注意交际语境和语言语境。可见，能够区分场合，适当运用话语，这本身就是人文素质的一种体现。

解放日报：在网络文化日渐深入人心的背景下，要规范网络语言，似乎并不容易。您怎么看？

周振鹤：究竟怎样的网络语言才能进入通语，这个规范标准还没有。一者，语言从来都是约定俗成；二者，俗人多、雅人少。俗语驱逐雅语，正像劣币驱逐良币一样。所谓"一齐人傅之，众楚人咻之"，所以媚俗才会成为一些知识分子讨好公众的一个有效路径。你不媚俗，就不大众化；你不大众化，大众就不愿睬你。

国人的改造能力实在是强大。像本是洋泾浜英语的 long time no see（好久不见），现在全世界都在讲，说不定有一天 people mountain people sea（人山人海）也会在全世界流行。我曾经在一篇文章中开玩笑说，好在 13 亿中国人中懂英语的还为数不多，什么时候中国人都懂了，这英语也许就不再是英语了。受网络语言的影响，这个改造过程对于规范汉语来说，也同样明显。

其实语言一直在发展，这个趋势没有办法强行扭转，甚至奈何它不得。举个例子，晚清之际，中国流入了很多日本新名词（或中国原有却赋以新义的词语），如自由、民主、共和、检定、取缔。当时的权臣张之洞对此非常排斥，下令以后条呈报告中不得使用"日本名词"。但他后来突然想起，其实"名词"本身就是一个日本名词。于是，便改令不得使用"日本土语"。可见，有些新词的出现是潮流，挡也挡不住。

解放日报：从当年五四的"文白之争"到今天的"网络语言入侵"，从中可以发现，语言的确存在俗化的趋势。其中的利弊该如何来看？

周振鹤：白话系统在中国其实一直存在。像宋代的朱子，和弟子讲话都是白话，甚至雍正皇帝的朱批，也是惯见白话。所谓文白之争，本质是雅俗之争。

白话是"我手写我口"，入门简单；而写文言就要懂一点雅词，讲究文章技法，这样就把很多人拒绝在文化大门之外。当年胡适他们提倡白话文，初衷是好的，但后来人们渐渐忘却了文言。今人要写一个典雅厚重的碑文，恐怕一般人是写不出来了，因为对仗与典雅词语，更不要说骈体文，通通不会用了。这对文化传承，不能不说是一个很大的缺失。

今天我们不必过分追求形式，但漂亮规范的文学形式还是要学习的。在必要的时候，它甚至会产生令人难以想象的语言魅力。记得章含之回忆过这样一个细节，当年尼克松访华讲到中美关系时用了"parallel"，中方翻译是"平行"，而美方翻译弗里曼译为"殊途同归"。周总理马上就意识到了，当得知弗里曼是在台湾学的汉语，他感叹道：

"台湾对古典汉语比我们重视。"同样的遗憾，我们不能在网络时代重复上演。

解放日报：一方面是教育工作者忧心于网络语言入侵的来势汹汹，另一方面是活泼生动的网络语言广受年轻人欢迎。年轻人为什么更容易被网络语言吸引？

周振鹤：很多名校的学生都很聪明，却腹中空空，世界名著几乎都没看过，因为没有时间看，他们夜以继日地做题。正是这样的教育模式，让我们的孩子缺乏正规的人文素养教育，才会容易被网上的东西牵着鼻子走。

如果能够把中国传统文化经典一路念下来，能够通读世界文学名著，就算是接触到那些文理不通的网络新词，他也会意识到，这个不太雅吧。所以，与其禁止网络语言，倒不如加强高雅文化的教育。要抵御网络语言，并不在于禁止，而在于如何教育。

（本文原载于 2011 年 6 月 16 日《解放日报》）

读书就是一种过日子的方式

捞过界

复旦人：周老师，这次采访的契机是图书馆的老师发现一批借书卡……

周振鹤：他们哪里找到的借书卡？

复旦人：发现您很用功的……

周振鹤：我承认在读书方面我很用功。其他方面就不见得了。这些借书卡上的书是跟我的博士学位论文有关系的，当时我自己没买到这些书所以就借了看。

复旦人：这个书卡大概是什么时候的事情？

周振鹤：那是我还在读硕士的时候，也就是上个世纪七八十年代。因为我是1978年来复旦读研究生的。

复旦人：您还记得当时是什么情况吗？在什么地方借的？

周振鹤：想不起来了，就是在学校里借着看嘛。这本书（《汉书补注》）当时还没有新印的，是民国时候印的一个精装本。后来又重印了，是影印的。我看的这个新中国成立前的排印本，纸质很差。

复旦人：那个时候您是刚从理工科转到文科？

周振鹤：对。用广东话来说，我是属于"捞过界"的人，不知道有没有广东同学听得懂。因为我是理工科出身，来念文科就是"捞过界"。然后念历史地理，又搞语言文化的研究，又捞过界。

复旦人：用现在很时髦的话说就是"跨界"。

周振鹤：跨界，哈哈哈。我在一本随笔集里写过，我们厦门话，有一句很难听的话形容狗吃屎的态度，就是这泡屎还没有吃完就去舔另外一泡。这是很粗鲁的比喻，我现在用来调侃自己。因为我的心比较野，所以看的书可能就多一点，往往一个题目还没做完就去做另外一个题目了。

复旦人：您在图书馆借那些书……

周振鹤：那些书并不珍贵，但是挺专业的。我是以理工科背景考过来的，虽然过去也买了很多书，但毕竟不是专业性的。我研究的题目非常窄而专，是清代考据学也研究的一个比较大的问题，所以后来谭其骧先生坚持要亲自为我的博士学位论文写一个序。（这篇博士学位论文即《西汉政区地理》，1987年由人民出版社出版。谭其骧先生在序言中写道："无论哪一位大师，至少对西汉郡国级政区变迁这一方面所取得的成就都赶不上这本书。"）

在专业以外，我看很多其他的书，其中不乏在你们看来很古怪的书。比如，中文和外文对照的字典，从马礼逊（Robert Morrison）1815年出版的第一部中文和英文对照词典开始到 1949 年以前的字典我有好几百部。其中有些东西是很珍贵的。

读书种子是天生的

复旦人：听说您是藏书家？

周振鹤：这不能叫藏书，我不承认我是藏书家。过去的藏书家是有很严格的标准的，所藏的书必须是宋元珍本，再不济也要明版本。我还远远够不上藏书家的资格。上海评"十大藏书家"的时候，虽然我的书不少，但是我不去参评。

复旦人：有评论说您是"海上第一藏书家"。

周振鹤：那恐怕说过头了，要比较才知道。我买的书比读的书要多，经常有人提出疑问，那么多书看得完吗？其实是看不完的，很多书是要留着，希望有人去重视它，要给后人看。我的随笔有很多就谈到这个问题，介绍一些没被人注意到的书，所以有的学生希望我开一门课专讲近代文献。因为他们看到很多书，不知道这些书有没有买的价值，判断不出来。

复旦人：您说的近代文献是指哪一类文献？

周振鹤：大致指 1800 年以来到 1920 年以前形成的所有文献，包括印刷的与手写的，包括洋书、中国本土的书，包括雕版或活字印刷的、石印的、铅印的，还有一切家谱、账本、日记、书札等成书与不成书的文献资料。

复旦人：近代的文献是很杂的，包括对古代的研究，包括对西方新知识的推介和研究。

周振鹤：所以有些国家图书馆没有的东西我有，而且颇有一些。因为起初我买的时候还不大有人去注意这些东西。我一开始研究的是古代，但是买书的方向却是近代。就是说，我 20 年以后研究的东西，20 年前就买了。买书要有这种超前性。

复旦人：您藏书的爱好是从哪里来的？

周振鹤：我从小就喜欢书，这有点天生。比如我女儿、儿子就没有继承我这点，他们对书没有那么热爱。他们也看书，但不像我那么爱书。我可以自吹是非常爱书的人。

复旦人：周老师，您现在买书是在实体店买还是上网买？

周振鹤：上网也买，实体店也买。实体店买的要多一些。上网买的现在慢慢要和实体店买的差不多了。我比较重视的是买旧书，尤其是有些人不太知道的有价值的书。这几十年来，我最重视的是买近代文献，过去所谓"图书馆不收，目录学不讲，藏书家不重"的书，这种书就是我大量要买的。你看这个柜子里有很多破烂的书，有些说不定全世界就只有这一本了，但是很多人不知道。

你们没时间读书，很可惜

复旦人：有很多书并不关乎您的专业，那么您是怎么判断其价值的呢?

周振鹤: 所以我说我不断地"捞过界"就是这个意思, 不是我的专业我也买, 而且大致知道这些书有没有用。我跟你们不一样, 我的学校经历比较简单。因为我有很多读书时间, 而你们没有读书时间。你们拿那些时间去做题。我们很少做题的, 不做题的时间就拿来玩跟看书。我高中的时候把很多重要的文学作品都看完了, 大学时差不多是穷尽中外重要的古典名著。

复旦人: 这是您给自己的要求吗?

周振鹤: 并不是。我很多同学也是这样的, 并不为了什么, 也不是很明确地为了充实生活, 就是有时间在那里就要读, 不然做什么。一个人活着做什么? 读书就是一种过日子的方式。

复旦人: 可能这就是您这一辈和下面几辈不一样的地方。我们一直在应付考试。

周振鹤: 所以你们要大量做题。当然现在我们整个教育制度都有问题, 教育部逃不了这个责任的, 但是一直改不了，而且向中学生投降。中学生一怕周树人，二怕文言文，那么就撤退周树人，撤退文言文。本来就不够了，周树人我们是老早就读的。我中学时是怎么个读法呢？不是只读周树人。五四以来的那些作家，胡也频、丁玲不用说，连鲁彦、张天翼……有些人你们可能听都没听说过，我一个个读过来的。陈思和先生听了也觉得吃惊。

复旦人：*我们中文系都没读那么多。*

周振鹤：我从初中开始，一本一本地一直读过来，更不要说《红楼梦》，从初中直到大学，读到第三遍才算看懂一点了。因为我念大学的时候才十六七岁，比你们要早一些。我们福建人比较"精神病"，四五岁的时候就入学了。还有西方文学，陀斯妥耶夫斯基的书，托尔斯泰《战争与和平》四大卷也是老早就看完的。就是说，文学准备我们很早就做完了。

复旦人：*所以您这一代不管是读理科还是读文科，文学底子要比下面几代强。*

周振鹤：我举个例子。韩寒挺出名的，他很有才，但是我看他写的文章就觉得如果他读的书更多，他的文章会更好。我是念工科出身，读那么多书又不是为了准备念中文系、历史系。为什么要读？因为有时间。这个时间放在那里做什么呢？主要是玩，小时候当然要玩，要踢足球要爬树，这些都要的。但是呢，剩下的时间就要读书。这个东西是有点天生的，不仅要读书，而且报纸什么的，像《新少年报》《中国少年报》，小时候的报纸读完，都要把它订起来，都要补得好好的。

到后来挣钱了当然就自己买书了。像清朝袁枚老先生说的，书非借不能读，我到老了，则是书非买不能读。五十岁以后，我看书一定要在书上乱涂乱抹，写些东西，一定要横画，竖画。

复旦人：那这样读起来会很慢……

周振鹤：我现在读书和过去不一样。小时候读文学作品可以一下子读过去，那个不需要画的。所以，年轻的时候就要把文学功底打好。我们只能算是没有童子功的人。吴祖光先生说的童子功是什么东西？新凤霞看他星期一要交稿了，星期六还没动笔，说你怎么不着急啊？他说没关系，我星期天晚上弄，星期一就交稿了。小时候要出去玩，奶奶说，玩之前先把这一堆铜钱处理完。于是，吴祖光背一首诗就把一个铜钱拿到这边来，又背一首诗又拿过来一个铜钱，直到把这堆铜钱全部从左边拿到右边来，才能出去玩。这就叫童子功。现在这叫什么呀，连《三字经》《弟子规》都拿到电视台去讲了。

复旦人： 现在《三字经》还要"去其糟粕"地讲。

周振鹤： 也不是不能讲。《三字经》《弟子规》是一些很浅的东西，过去的人要读，也是启蒙而已。而且《弟子规》还包含一些糟粕，现在的人读不读都无所谓。但是你要记得，中外最伟大的文学作品一定要读。没有这些东西做底子你别想写出精彩的文字。如果你没有底子，你以为写东西时好句子会自己流出来吗？不可能。所以我们语文教育工作完全错了，写中心思想，分析段落大意，这是什么教育方式啊！你只要从小把好文章读熟了，你的文章自然写得好。语文做什么用？就是为了把作文写得好，把头脑搞清楚。

复旦人：而且我们是母语，语法不用多讲。

周振鹤：所以现在完全是错误的。现在外语教育是很好了，其实外语学习还有一个大家没有注意到的效果，那就是能更好地理解本国语言和文化。我们当时没有你们这么好的外语条件，像日语我是自学的，英语也基本上是自学的。我正式学的是俄语。

我的"四书"

复旦人：您现在还去图书馆吗？

周振鹤：我家里没有的书，还是会到图书馆去翻阅。图书馆、阅览室和书店，是我最常去的地方，除了家以外。图书馆的那些人都认识我，我进去不刷卡也可以，像刘一平、刘鸿庆、小顾他们，跟我都非常熟。可能到我这个年纪还跑图书馆的人没几个了，兴许只有我一个。

其实我的书已经多得成灾了，我有一套房子是专门放书的，装有移动书架，曾有一个学生帮我编过部分书目，所以有些书我就根据那个目录看看在哪个架上去找。我自己住的地方比较大，也堆了许多书，我没有时间编目，只能自己一本一本地查。有时候书找不到，有两个办法，一是自己到图书馆里查，还有一个就是再买一本。所以我历来对两类人是一定要赔笑脸的，一类是图书馆管理员，一类就是卖书的。因为我要买好的书，我要对他们客气，他们才会卖给我。

复旦人：图书馆老师对您的印象非常好，说您很随和，看书非常广泛。

周振鹤：我以后可能会写一篇文章，叫《我的四书五经》。"五经"先不讲它了，因为这个"五经"也可以叫"六经"。中国古典是"六经"，后来丢掉一经，到汉朝的时候就剩下"五经"了。

"四书"倒可以说一说。我这一生，最喜欢的就是读书，其他都是次要的、附带的，写东西也是附带的。读书是最要紧的，每天要读很多东西，包括报纸在内，我每天的阅读时间是很多的，我读的书不限于专业书，非专业书比专业书读的时间还要多，范围还要广。所以这个读书，是"四书"之首。

我还有一个毛病就是很喜欢买书。买书比读书的速度要快，有些书真的是自己来不及看。然后是教书，最后是写很少的一点书——这就是我的"四书"。一辈子就这样过来了。

复旦人：每天您会不会有一个计划，比如哪个时段会读什么样的书……

周振鹤：没有。有些书必须赶时间读，不赶时间读不行，就是要写东西了，这是一个。很多时候是没有计划的，随性所至。也看买书的过程，有些书很好，买来了赶快要看；还有些书现在不一定要看，放在那里，以后要写文章的时候再拿出来参考。

复旦人：很自由的一种状态。

周振鹤：当教授不就有这个好处吗？

复旦人：不是说要赶着出一本书……

周振鹤：对，我不着急。现在至多一年出一本，要我出两本都不大可能。因为还有很多其他的事要做。人被写书困住干什么?

复旦人:不管是读书的人也好,工作的人也好,哪怕写书的人也好,每个阶段总有一件事情好像是正经事情,读非专业的书对我们来讲总有种读闲书的感觉。

周振鹤:但是读闲书很有意思,尤其是读禁书最有意思。很多人都以为禁书是跟色有关的,不是的,很多禁书都是跟时事有关的,跟政治有关的。你会觉得很奇怪,为什么它会被禁?那就有很多有意思的事情。比如说毛奇龄,清代很有名的一个学者,对朱熹的学说很不满意,就写了《四书改错》,把朱熹《四书集注》的错误拿出来写一本书,后来发现皇帝又要拿朱熹的东西为标准来考天下士子,他赶快把自己的这个书抽出来,把木核板劈了,到嘉庆时出的《毛西河全集》就没有《四书改错》这个书了。他自己不敢放进去。

复旦人:您有很多专著,同时在豆瓣网上也有很多人追捧您的随笔,给我们推荐一些您自己比较满意的书吧。

周振鹤：随笔"三联"出过两本，今年"中华"要出一本。有人感兴趣，我非常感谢。我的书并不高明，如果专业书枯燥，可以从随笔看起，我的博士学位论文现在买不到了，也不必看，太专门了。但对政区变迁与地方行政制度感兴趣的可以看一看《中国地方行政制度史》或者《体国经野之道》。

复旦人：随笔的话有没有觉得满意的？

周振鹤：随笔，我目前为止只出了四本。也许"三联"出的《随无涯之旅》可以看一看。我有的书是比较专门的，不一定值得看。像《西汉政区地理》，即便文化地理专业的学生，也不一定都看得懂。因为那本书像是解数学题，完全是考据，用科学手段解决史学问题，没有可读性。

复旦人：我觉得现在文科生的逻辑比较差。

周振鹤：文科生有些人逻辑可能是差一些。听说有的已经到了教授，文章写出来还是逻辑不通，有的编辑反映改起来很困难。

复旦人：现在复旦讲通识教育，我不知道理科生怎么样，文科生我觉得是要补一点逻辑的东西。

周振鹤：今年大年初二我和陆谷孙、葛兆光等几位先生一起吃饭的时候说起这个事，我说，高校里不上高等数学是可惜了，是个遗憾。听说陆先生后来写在微博上面了，很赞同我的看法。因为人如果不念一点高等数学，脑子里就缺一点逻辑。好像中文系老师也说过有些学生写文章前言不搭后语。

复旦人：您对现在复旦的学生，包括本科生、硕士生、博士生，在求学阶段有什么读书方面的建议？

周振鹤：没有建议。书总是读多点好。最重要的是要读。我不会开书目，因为我自己读书就是乱来的。

复旦人：经常到图书馆去？

周振鹤：是，过去经常待在图书馆里。到国外，也是要到处找好图书馆看书。而且我不喜欢根据书目来找书，而是喜欢在书架上一本一本地翻。当然，你如果自己买很多书，不去也可以，但总归图书馆还是比你的书多，所以图书馆是不能不去的地方。你在网上读书也可以。但是你不要寻章摘句，装点自己，这里摘一句那里摘一句，光那样不够。要真的读书，完整地读书。比如你如果想了解俄罗斯的文学，托尔斯泰要读一两部、陀斯妥耶夫斯基要读一两部、果戈理要读一两部、契诃夫要读一两部、屠格涅夫要读一两部，等等。《卡拉马佐夫兄弟》你不读，《罪与罚》读一下；《战争与和平》四大卷读不下来，《安娜·卡列宁娜》看一半吧。总归要读一下。你们主要是没有时间，很可惜。

这些都是讲文学的。其实我不该讲文学的，我是念工科出身，没有资格讲文学。但文学是任何人都应该具备的基础。文学基础准备好了，你再去读历史。历史读完了你去读哲学。这样兼顾之后，你会觉得原来人在这个世界上几十年是那么不容易，我一定要把我的饭碗以外的事关心好才行，不然就没有意义了。人生的丰富性在哪里？我觉得有些人过得太单调。为什么？他看的书太少，就会过得很单调，觉得人生没什么意思，没多少色彩。其实这个世界是很丰富的。

复旦人：读书之外您的放松方式是什么？美食？

周振鹤：不是。旅行最好。一个人就是要看世界跟看书。这两件事都具备，你就会觉得活着很有意思。

（本文为复旦大学校园媒体《复旦人》2011年对周振鹤先生所作的访谈）

学问的关键是求真，不管有无用处

37岁开始学术生涯

南方都市报：您在"文革"前便从福州大学矿冶系毕业，1977年考复旦时，为什么会选择读文科的研究生？

周振鹤：文科的东西可以说是我的"余事"，不是我的正事。我原来年轻读工科的时候爱好就是文史，喜欢看书和买书。因为我父亲是所谓"工商业者"，运动一来就被整了，所以当时我家也没什么钱，但我还是一直都会买书。

1958年考大学时，我的数理化成绩非常好，自然选择了考理工科。这是当时的风气，数理化好的学生肯定会去读第一类的理工科。至于为什么是矿冶系，当时并不是自己的选择。1957年"反右"之后，学生能读什么专业并不是根据考试成绩，而是看你的政治情况如何（这些都是二三十年之后我才知道的）。因为我父亲是小资本家，又是"右派"，所以最后录取我的是矿冶系。说是采矿，其实就是挖煤，是当时最苦的工作。

南方都市报：为什么会先在厦门大学读，后来才进入福州大学呢？

周振鹤：我中学读的是厦门市第一中学，在福建是非常好的学校。按理说，当时我们多数人应该是要去全国重点大学的。但在1958年，福建省要办工业大学，因此我们这一年的学生基本上都出不去。当时虽然学生招来了，但学校实际还没办，所以福建省只好把我们先放在厦门大学。

在厦大一年半后，福建省办了福州大学，我们工科生就全部转去了福州大学。从福州大学毕业后，我被分配到湖南当助理工程师，一干就是15年。如果我1978年没有再参加高考，现在可能就是退休了的高级工程师。现在回头看，相当于耽误了 15 年。不过大学念理工科不能算耽误时间，学文科之前念理工科还是很有好处的，我后来培养出的最好的博士大都是理工科出身的。

南方都市报：在湖南的 15 年对你的学术没有太大帮助？

周振鹤：没有太大帮助，当然我还是会看书，看任继愈的《中国哲学史》之类的书，但大多是盲目地看，没什么计划。1977 年恢复高考时，最初招生条件是 1942 年 10 月 1 日以后出生的，我是 1941 年的，所以也没抱什么希望。结果没想到，后来教育部又宣布，"文革"耽误了很多人，把年龄放宽了，40 岁以下都可以报考研究生，我那时候 37 岁，有些动心，跟我太太商量后，得到她的支持才下定决心去报考。

南方都市报：37 岁再去读书，当时压力应该很大吧？

周振鹤：会有，现在 37 岁都是教授了。不过因为"文革"的原因，当时很多教授年纪都很大，所以也不会特别有压力。

当时历史地理专业一共考五门，包括中国通史、中国地理、古汉语，还有政治和英语。前三门都是我比较熟悉的，而政治和英语又是大家都要考的，所以我就选了这个专业。最后考试成绩出来，就我跟葛剑雄两个人考得最好，最后我们俩被同时录取了。

南方都市报：具体的考试内容是怎样的？

周振鹤：初试是直接将考卷寄到岳阳市，复试是在上海考的。复试的题目有些出乎我的意料，比如要求我们根据《水经注》的一段内容画出河流的分布图，我当时根本不知道《水经注》是什么，但我最终还是根据文字把河流的分布图画出来了。当时有些人虽然知道，甚至读过《水经注》，但因为古文底子不过关，最后都没能把这幅图画出来。我是少数几个答好这道题的人。

南方都市报：您当时就见到谭其骧先生了？

周振鹤：到面试才见到。当时他中风在医院，我们是在他病床前面试的。他对我的面试成绩相当满意，因为我指出了王伯祥《史记选》里的注有一个问题，他把"右泰华，左河济"中的"泰华"解释为"泰山和华山"，但这两座山实际上是在东西两边的，我说我觉得"泰华"就是指"大华山"的意思，因为边上还有少华山。我还引了《山海经》的话作佐证。谭先生当时觉得很奇怪，一个工科生怎么能把王伯祥的注释都推翻？不过他很满意，所以我的面试成绩应该是最好的。

南方都市报：当时你们年纪都那么大了，谭先生是怎么给你们上课的？

周振鹤：谭先生自己会给我们上课，会教一些诸如《水经注》、正史地理志之类的基础课程，但和现在这种正式开课还不一样，主要还得自己学，之后再向老师请教。谭先生有个特点就是他把我们当有基础的人教，跟我们谈话就等于跟同事聊天一样，我们基本上就是这样学出来的。

南方都市报：谭先生对您日后的学术生涯有哪些具体的影响？

周振鹤：应该说，谭先生对我最大的影响，还是一种做学问的精神：别人做不出的东西我要做，要不畏难，不计利害，只论是非，事情对不对是最要紧的，只管它是真是假，是虚是实，有没有用是次要的。

我现在有很多学生做的东西也是这样。很多人问他们，你做这个有什么用？我就说，学问的东西不管有没有用。也有很多人以为我们在做无用的学问，帮我们说话，说无用有大用。我不完全赞同这个观点，学问是不管有没有用的，不是说因为"无用有大用"，我们才去做，学问的关键就是我们要去解决它，要去弄清楚其中的是非，这才是最重要的。

与葛剑雄一起成为全国首批文科博士

南方都市报：您做了那么多年理工科的工作，会不会一时难以在这种虚实中转换？

周振鹤：因为我一直对文科感兴趣，始终在看历史、文学的书。早期工科是我的"正事"，渐渐倒变成了我的"余事"，变得不再重要了。我在湖南时，对语言也很感兴趣，当时还做了不少语言学的笔记，后来我太太在清理杂物时，一不小心，这些笔记也被殃及了，不然我很可能就报考语言学了。

巧合的是，去参加考试时，我刚好跟考语言学的游汝杰是上下床，大家谈起来对语言文化都很感兴趣。后来我到复旦以后，我们就合作写了一些关于语言文化的文章，之后便有了《方言与中国文化》这本书，1986年出版，比我的博士学位论文《西汉政区地理》出版还要早点。

南方都市报：从《方言与中国文化》的内容来看，还是可以看出受到历史地理的影响非常大。

周振鹤：应该说，没有历史地理的基础，这本书恐怕出不来。正是有了历史地理思维，加上之前的语言学知识，才能与游汝杰合作，最终把这本书写出来。碰巧我会三种方言，我母亲讲厦门话，我父亲是无锡人，讲的是吴语，我其实从小就是"双语环境"。我太太是长沙人，影响所及，母语、父语与妻语我都讲得来，所以注意到了湘语跟吴语的关系，又推测出闽语可能就是古代吴语的体现，然后才能写出方言跟文化的关系及同移民的关系。

如果没有历史地理的知识，这个结论也很难推导出来，因为闽语就是闽语，吴语就是吴语，看不出有什么关联。但从历史地理角度看，比较容易理解，因为现在闽语地区的人原先就是从古代吴语地区搬来的，只是他们处在一个相对封闭的地理环境里，他们所持方言变迁很少，所以保留了古代吴语的特点。

这个结论后来被"中央研究院"历史语言研究所所长丁邦新证实了，他看了我们的书以后，就从语言学角度推断出我们的结论是正确的。

南方都市报：《西汉政区地理》是您的第一本历史地理专著，这本书也是您的博士学位论文，当初为什么会选择做这个题目？

周振鹤：这是一步步思考过来的。一开始我并不明确要做什么题目，正好有一个小侯国的地理位置引起我的兴趣，就试试看能不能做出来，发现可以之后，才选了一个王国来做。比如说长沙国，1972 年发现马王堆汉墓，轰动一时，当时我就在想能不能推测出长沙国在汉初究竟有多大。

此前，一位老一辈历史地理学家说长沙国有 9 个县那么大，但马王堆墓主下葬是在汉文帝时期，文帝时的长沙国究竟有多大，当时谁也拿不出结论来。于是我就做了这个工作，相当于把汉文帝时的长沙国复原了。做完之后就想再前进一步，汉初共有 10 个王国，是不是能把剩下 9 个都做了，接着就把西汉一代其余 9 个王国的变迁情况都复原出来了，这就成了我的硕士学位论文。

南方都市报：您当时硕士学位论文答辩的情况是怎样的？

周振鹤：硕士学位论文答辩时，来的老师都是老一辈的学术界权威。他们看了我的论文，觉得很不错，解决了几百年都没有解决的问题，相当于把西汉诸侯王国封域变迁都写出来了，都觉得可以直接评博士了。

但当时教育部还没正式出台招博士生的政策，虽然已经有了这样的说法。所以我又等了一年多，到 1982 年才开始正式念博士。我的博士学位论文还是建立在硕士学位论文的基础之上，只是把范围又扩大了，把整个西汉政区地理都做了出来，因为之前做的 10 个王国仅仅是西汉政区的一半，还有另一半政区是由皇帝直接管理的，也需要复原，再加上汉武帝以后疆域政区变迁很复杂，也一直没有人弄清楚过。后一部分大概花了一年多就做完了。1983年，我同葛剑雄同时获得博士学位，成为全国的首批文科博士。

南方都市报：对于你的《西汉政区地理》，当时学界的评价是怎样的？

周振鹤：当时很多人说我是最会利用史料的。但其实不光是这个原因，史料固然很重要，不充分利用不行。当时我要解决整个西汉政区地理的问题，只依靠已有的传世与出土文献资料根本是不够的。其中的历史空白点太多了，你必须建立起一个逻辑推理的框架，设想各种可能存在的情况，然后再去逐个排除，留下一个最有可能的推理结果。

《汉书·地理志》只是反映了西汉末年行政区划状况，也就是诸侯王国、郡、县、侯国的分布情况，但是西汉末年之前两百年的详细变迁并没有反映，而我必须把这两百年的情况写出来，这相当于虚构了一个框架，而你必须去把这个框架填满。我做的这个工作，是将仅由已有史料看不出来的东西做出来，而不是对已有的东西修修补补。如果没有过去理工科生的思维，恐怕不大能做到。

南方都市报：看来历史地理不仅要有梳理材料的能力，还要有非常强的逻辑推理能力。

周振鹤：其实这是很有趣的东西。一个人的知识面越广，逻辑推理能力越强，念历史地理越好。念历史地理的学生比单念历史系或者念地理系的学生都要苦，他们比地理系的学生多了历史课程，比念历史系的学生要多学地理，要有空间概念。不像有些历史系的学生，有点不够全面，或者只知事件，或者只有对历史人物的孤立的概念，没有人物事件时间空间结合在一起的整体概念。

"政区地理"这个词是我发明的

南方都市报：当时谭先生在这本书的序言中提到：通过您的书，证明历史地理学科还是可以建起来的。当时历史地理学科的状态是怎样的？还有人对它是否该存在有疑问吗？

周振鹤：到现在这个疑问还在。历史地理算是地理还是历史？现在按教育部的学科分类是属于中国历史学一级学科底下的二级学科，但是按照谭其骧、侯仁之、史念海先生的看法，应该属于地理学科，毕竟它研究的是历史时期的地理，这个问题现在还没有定论，所以理论建设还是有问题的。我有一本书叫《中国历史政治地理十六讲》，就是把具体的政区地理变迁提高到政治地理的角度，认为它是一个地理学科，我们还要注意政治过程引起的地理上的变迁，要研究这样的东西才行。

从历史学角度来看，之前我做的《西汉政区地理》属于技术史学，即利用技术手段来解决近乎空白的历史地理变迁问题。至于为什么会引发这种变迁，则必须提高到政治地理的范畴来研究。

不过，所有的工作还得从具体的政区地理开始，我想先把整个中国历史上的政区地理问题基本解决。"政区地理"这个词算是我的发明，现在也成了学术上的专有名词，指的是研究行政区域变迁的地理状况。

南方都市报：您做的这个工作，同谭其骧先生主编的《中国历史地图集》之间有什么样的关系？

周振鹤：谭先生的《中国历史地图集》只有图没有考证文字，所以我们还需要有文字的东西来考证叙述中国行政区划的历史变迁，这从每个朝代来看就是断代政区地理，所有朝代联系起来就是中国行政区划变迁通史。现在这部《中国行政区划通史》，共十三卷，从先秦一直到民国，也属于技术史学的东西。

从一个断面、一个年代来讲地理的考证，而后把每个断面用时间的箭头贯穿起来，就是一段完整的历史。《西汉政区地理》是一个断代范例，如果每个朝代都能这样处理，那我们就有希望把完整的中国行政区划变迁复原出来。谭先生的地图集是一个朝代只取一个年限，但如果一个王朝比较长，以一个年限来反映变迁情况显然不够。我们现在的想法是希望能一年一年地表现出来。有的朝代，若是因为历史资料实在不够，就看能否反映五年、十年或者二十年变迁，总之希望能够尽量详细。我想，如果能把这部通史完成，我这个人其实就可以交待了。

南方都市报：上世纪90年代，您出版了《体国经野之道》，这本书是不是就是您想做的政治地理的范式？

周振鹤：对，这是在开始做政治地理的时候。之前做的政区地理，采取的都是纵向角度，说的都是这个郡管辖哪些县等等，非常枯燥，很少有人去看。而《体国经野之道》则是从横向的角度来说，虽然只有12万字，但我前后写了两年。这本书实际有点像政治地理学的导论了。

南方都市报：这样说来，你做的很多东西完全就是筚路蓝缕。

周振鹤：有些算是吧。即便到今天，历史地理学科仍有很大的发展空间。我现在出书还只能叫"政治地理十六讲"，还不能叫"政治地理概论"，里边还有很多问题没有解决。比如说疆域的问题：为什么疆域会扩张收缩？疆域究竟是怎么定下来的？疆域的边疆区、缓冲区、核心区又是如何形成的？这里边有很多东西可讲，但我不一定有时间去做了，可能由我的学生去做。

我现在的兴趣点已经转移了，语言接触、汉学、中外文化交流都是我感兴趣的，在这些领域我也都写了一些文章，所以你不能简单地说我的专业就是历史地理。应该说我的专业就是旁门左道。正因为此，我也没什么专业思想，我也不是那种在一棵树上吊死的人，我只会在这棵树上吊一会儿，再到那棵树上吊一会儿。我最钟爱的是书，什么书我没看过就一定要想办法看一下，读未见书如逢甘霖，这样才有意思。

不以专业束缚自己也是一种愉快

南方都市报：您写过一些新闻史的文章，应该也是研究中很重要的一块。怎么会突然转过来研究新闻史呢？

周振鹤：对，新闻史是很重要的一部分。把研究新闻史的朋友得罪了，目的其实是请他们注意究竟该到哪里找史料。要知道，中国近代新闻业是由传教士做出来的，但很多研究新闻史的学者过去甚至都不去看传教士材料，不去看国外的材料，所以近代新闻史这一段一直有提高的余地。

我后来写了几篇新闻史的文章，甚至还批评过新闻史的权威，所以有人就来炮轰我。后来邹逸麟先生跟我开玩笑说，要留一口饭给别人吃。以后也就写得少了。其实介入新闻史这种情况也无可厚非，因为发掘史料还是历史系出身的人比较有经验。

南方都市报：您好像特别喜欢做些跨学科的研究。

周振鹤：我喜欢做没人注意到或者搞错了的东西，因为不做接缝处的学问，你就解决不了问题。恰恰是这种接缝、横断、交叉的学科缺少人做，因为做起来不仅需要两方面学科的基础，而且还必须思维缜密，逻辑推理能力强，看的东西多，知识面足够广。

现在有些人做研究，如果他做明代的东西，根本不看清代和宋元时代的书；做近代史不看古代的书；研究古代史不看近代的书。那怎么行？说句得罪人的话，这样的学者很难做到一流。过去傅斯年要一位年轻人做明史，就不准他看清代的东西，我觉得有点过分。

南方都市报：您自己没想过要收一收？

周振鹤：我已经到这个年纪了，做到哪里是哪里了，没有收不收的问题。我今年做《中国历史政治地理十六讲》就是把政治地理结束一下，以后有时间再增订一两讲。

《中国历史政治地理十六讲》做完，对我来说就是一个交代。《方言与中国文化》也是一个交代。每个领域做个东西可以交代，我就可以结束了。一个题目反复写几十遍有什么意思呢？有那个时间我要看新的东西，你总得让自己精彩一点。别人叫不叫我专家，那都无所谓，我要的是取悦自己。我觉得求知是一种愉快，我能从阅读当中体会到这种愉快，我只做有挑战性的研究。不以专业来束缚自己，也是一种愉快。

南方都市报：您有没有考虑过写一部通史呢？

周振鹤：绝对不会，写通史有写通史的人，我还是比较喜欢解决具体的问题。有些人善于把别人的东西做归纳、综合的研究，我们专业做这样归纳的也有，但需要有像吕思勉先生那样专门的人去做，没有他那样的才华就不要去做。

我现在尽量不去说些大的道理，而是尽量多做些具体的东西。你得先把是非问题解决了，人家觉得你是有根基的，才会相信你的话。我现在教学生的就是这个道理。过去章太炎说"学以求真"，这一点实在是太重要了。

南方都市报：你怎么看方法论，你是否受到过什么方法论的影响？

周振鹤：没有，我经常说我弟弟，他很看重方法论，总觉得方法论如果不搞通，写出来的东西也不好。我就说他，搞方法论是舍本逐末，你要做学问该怎么做就怎么做，别人会给你总结出方法论，你去看方法论的东西，是做不出好学问的。我跟很多人说过，你们每个人做的博士学位论文，或高或低，你做个砖头出来，别人在这一领域要进行研究一定要提你，绕不过你，那就成功了。砖头大小不一定，但你要做标志性的东西，不要做出来后别人不用看你也可以解决问题，那就没意思了。

（本文原载于 2013 年 7 月 11 日《南方都市报》）

历史地理学今天仍有借鉴作用

学术首要是求真存实，不是致用

时代周报：您在 1978 年参加研究生考试以前听说过谭其骧先生吗？

周振鹤：没有听说过，也不知道历史地理是什么专业，不知道是历史还是地理，根本毫无认识，因为我是念工科出身的。纯粹是为了改变现状而考试，我不愿再当这个助理工程师，希望改变一下。当时也没有想到北方人的一句话："树挪死，人挪活。"考试的结果是我跟葛剑雄两个成绩最好。笔试完以后，面试。谭其骧先生是在龙华医院给我们考试的。因为他中风住院了，要面试我们，那我们就要到医院去。我大概面试成绩是最好的，他最满意。

时代周报：谭其骧先生教书怎么样？

周振鹤：谭先生教书其实不像我们现在给博士生那样很正规地上课，所以我不建议以对本科生一样的方式给博士生上课，博士生是应该跟老师讨论问题的。你们自己看书，然后有问题提出来跟老师一个礼拜讨论一次。本科生才要正规上课，硕士生都应该以讨论班为主。博士生应该能够跟老师一起解决问题，现在的博士生还要上呆板的课，所以我觉得这不大合适。谭先生觉得我们是可以讨论问题的学生，所以他不拘一格的想法跟我们现在是一样的。我们不问文理科，即使从计算机系、化学系转来的学生都接受，你的基础知识不够，没有关系，可以补的。但是你的聪明不够，那我们就不好接收。因为历史地理真的是需要聪明度比较高的人，光是死记硬背没有用，脑子要活一点。这有点理科性质，历史材料不够，反映在空间架构上，有些东西就要用逻辑思维来建构。我的《西汉政区地理》很多就是用逻辑推理来弥补，因为历史上断掉的链

163

条很多，你要把它接起来，又没有史料，只能根据现有史料进行弥补，以后如果出土的史料来了，你可以再给它改进充实提高。现在很多出土材料，又可以改进我的《西汉政区地理》，但整个框架当时是按逻辑推理推出来的。

逻辑推理很重要。我们历史地理招生就是欢迎理科的人来考，因为理科有很多学生非常聪明。谭先生年轻的时候就转了几个系，到第三个系才是历史系，因为他有兴趣，所以学校应该允许有人转系。现在有好些学生念了计算机，本科毕业来考我们的研究生。

时代周报：何兆武先生在西南联大的时候读了四个系。

周振鹤：是。谭先生是念了三个系。自由选择专业可以使学生受到真正合适的训练，而且符合了他的学术兴趣。你要没有兴趣，学术就做不好，为了这碗饭才去做研究没有意思。致用有时候都不能促进学术的研究，致用是为了一时的用处，拼命去做研究，这样也能出一点成绩，尤其是工科方面。但是有时候如果不计功利，而是纯粹从学术的发展去做研究的话，往往到后来会有很大的用处。学术方面摆在第一位的应该是求真、存实，而不是致用。

时代周报：中国的历史地理学科有没有传统？

周振鹤：专门的历史地理是没有传统的，20世纪30年代以后才形成这个学科。顾颉刚先生跟他的几位学生，像谭其骧先生、侯仁之先生、史念海先生，这些人努力，慢慢就使这门学科成型了，他们是开山者。但是过去也有一些传统，比如说《汉书·地理志》讲西汉的地理，也追溯到汉代以前的地理。现代，如果只研究当前的地理就是地理学，如果想知道历史上不同时期黄河的河道跟现在的河道有什么差异，这就是历史地理的问题。实际上我们在治理黄河的时候，经常会碰到这样的问题，古代治理黄河泛滥、缺口、改道，就要了解黄河是怎样变迁的。实际生活当中，一定会碰到历史地理问题的，但一直没有形成一个专门学科，要到30年代以后，才慢慢形成一个历史地理学科。过去传统的只是沿革地理。沿是不变，革是变化。秦朝、汉朝、唐朝的疆域有伸有缩，是变迁的。行政区划也是变迁的，比如说秦代分36郡，到汉代分103个郡国，行政区划是有变迁的。过去就已注意到疆域怎么变化，行政区划怎么变化，还有人口数量也有增减，人口分布也有稀密的地域差异。到了30年代以后就上升到了科学，因为西方有 historical geography 这个学科名称，顾颉刚先生跟谭其骧先生一起编《禹贡》半月刊，英文名字就用了 historical geography，就是历史地理。

这门学科到现在已经有几十年的发展，但还是在不断的完善过程中。中国历史地理可能在世界历史地理当中有一席之地了，研究成果很多，但是跟外国的历史地理理论、研究对象并不见得完全一致，因为历史地理就是在国外也不像历史学那样是一个古老的学科，相对要比历史学新一些。我们国家的历史地理的从业人员数量还是少，复旦有一个单位，是谭其骧先生带头；北大有一个单位，是侯仁之先生带头；陕西师大是史念海先生带头，学科前景是很好的，只是我们现在还不是很重视。

古史辨运动推动历史学前进

时代周报：顾颉刚先生提出古史辨运动，推翻了原来一些历史定论，当时产生了什么样的影响？

周振鹤：我觉得顾颉刚先生过去曾提的那些东西不一定全都正确，但他的历史作用是永远存在的。当时他提出古史辨运动，实际上就把历史的认识再往前推进。尽信书等于无书，人是要有怀疑精神的，应当于不疑处有疑。疑错了没关系，不疑倒是有关系。总是因循前人的说法，学术怎么进步呢？所以，我觉得古史辨运动推动了历史学的前进，现在有人认为它的某些怀疑有问题，但即使如此，古史辨运动仍然有其重要的历史意义。

时代周报：顾颉刚跟鲁迅的论辩是怎么回事？

周振鹤：鲁迅嘲讽了他一下吧。顾颉刚的意思是"禹"字中间是一个虫字的结构，他说大禹原来也是一个虫，不是历史上真正存在过的人物。这个思路也是疑古的中心思想，主张中国古史是层累形成的，说上古的尧舜禹是不存在的。这叫尧舜禹抹杀论。日本也有人提出来，所以有人说他这个概念是抄日本人的。不管他是不是抄日本人的，他在中国掀起了一个疑古的运动，对解放思想是有好处的。

时代周报：鲁迅对顾颉刚的嘲讽，有什么影响？

周振鹤：鲁迅也是有学问的人，他说要是这样，你是姓顾，应该叫你鸟头先生。凡是被鲁迅嘲笑过的人，更不要说骂过，后来都没有什么好下场。只有一个人例外，没有受到影响，他就是李四光，李四光也是被鲁迅嘲笑过的。凡是被鲁迅点过名字的，后来都不大好过，因为毛泽东对鲁迅的这种批判精神很欣赏。

时代周报：顾颉刚与傅斯年的关系也很微妙。

周振鹤：两个人都是胡适的学生兼朋友。但傅与顾有点亦敌亦友的味道。傅斯年说顾：看来你都要做学术界的王了，如何如何。此外，像梁启超那些人，都是很了不起的人。他们学术上能做得非常好，但是一天麻将都还要搓几圈。梁启超曾说唯有读书才能忘记麻将，唯有麻将才能忘记读书。他给人家写序，把序写成了一本书，只有梁启超那样的人才有这样的本事，那种人都是不世出的人。顾先生也是这样的人，每天不知道要做多少事，回多少信，看多少书，做多少读书笔记，还要见很多学生，还要上课，自己写著作。不知道他们一天的时间怎么安排的，都是厉害得不得了的人。

时代周报：傅斯年开创中研院历史语言研究所传统，对历史地理研究有什么影响？

周振鹤：他们好像并没有像谭先生、侯先生、史先生那样的历史地理。傅斯年说历史学就是史料学，动手动脚找东西，有一分材料说一分话，没有材料就不说话。他主要是提倡这样的史学风气。历史本来就是无用之用的东西，所以在这个意义上，历史学凸显的是科学性质。我觉得傅斯年是要把历史当科学来弄。过去历史学总是被看成人文的东西，不看成科学的东西，傅斯年可能是受科学主义的影响。

过度讲究有用，科学不会发展

时代周报：中国人是不是自古就对疆域问题很敏感？

周振鹤：古代有一句话叫"在德不在险"。战国时，魏国君主说这个地方地势很好，可以据险固守。吴起就说"在德不在险"，要是道德水平高，国家就能维持得住，不是在于山川险要，用武力来防守。清朝雍正时期，越南趁着划界偷偷地多占一点，官员汇报上去说，应该给越南一点惩罚，雍正皇帝说：算了，它多占一点就多占一点，天下这么大也不在乎那一点。不过当代世界对于领土、领海与领空的态度都是一样的——"神圣不可侵犯"，寸土必争，哪一个国家都是这样。

时代周报：您说历史是无用之用，但中国自古有一个观念是读史为了鉴今。

周振鹤：因为中国讲究经世致用，什么东西都要有用才去做它。这个经世致用的传统当然好，会促进国家发展，要是对什么东西都不去想到利用，社会怎么会发展呢？但是如果强调过头，什么都要有用，那么科学是不会发展的。中国近代科学不能发展的一个重要原因就是太讲究经世致用了，因为好多学问的研究，一开始是看不出来有什么用的，像陈景润研究哥德巴赫猜想有什么用？恐怕目前还没有实际的用途。但是那样的题目做出来是人类智慧能够达到高峰的表现，至于它以后有没有用，那是另外一回事。人类有这样的智慧，就要去解决那样的难题，这体现了人为万物之灵的本质。希腊人过去研究学问不求有用无用，这是一个科学问题，那就要去探究它。无论是技术方面的科学、人文方面的科学，还是自然方面的科学，都要去探究它。但是中国人一开始就要从用处着眼，没有用处的事情绝对不做。这会影响近代科学的产生与发展。

时代周报：香港中文大学的陈方正先生写了《继承与叛逆——现代科学为何出现于西方》一书，主要是回应李约瑟的问题。

周振鹤：对，他认为李约瑟这个问题是一个伪命题。实际上中国的发展道路跟西方的道路是不一样的，所以问中国为何不出现近代科学，这是从西方的立场来发问的。

时代周报：从历史地理这个学科来讲，研究历史地理对现代区域划分或者地理的变化有没有什么意义？

周振鹤：还是有点借鉴的意义，比如说历史上行政区划的变迁，从秦统一天下以后，行政区划经过两千年的变迁，这里有没有什么规律性的东西，在这个变迁过程中，哪一种有利一些，哪一种不利一些。

其实我们现在还是政府主导型的经济，政府也是利益主体，实际上政府变成了一种经济人。照道理讲，政府是没有自己利益的，只有老百姓才有利益，具体的人才有利益。政府是为老百姓服务的，是老百姓选举出来为自己服务的一个机构。但现在政府变成了一种经济人了，也有利益追求，所以行政区等同于一个经济区。在西方一些国家，行政区划不是那么重要，划完就划完了，不改变了。我们每年都要改变，没有哪一年不改变。那么，这个行政区划为什么要变迁呢？因为经济的主导权在政府手中，政府是在这个区域里头管经济的，过了这个行政区划界线就管不到了。西方一些国家的经济是开放型的，不受行政区划限制，不要说行政区划，跨国公司都有了。欧盟很多国家的关税壁垒都要打破，所以就不大可能出现行政区域经济这种现象，他们的行政区是行政区，经济区是经济区。但是我们的行政区跟经济区是一致的。

（本文原载于 2013 年 7 月 18 日《时代周报》）

政治地理视角下的中央与地方

东方早报：您是治历史地理学的，从历史政治地理的角度来考察中央与地方的关系，会有哪些不同的视角呢？

周振鹤：说起历史政治地理，这门学问在过去没有人讲过，也没有什么人研究。我的老师谭其骧先生做了一辈子历史地理研究，最主要的成就是《中国历史地图集》，以及三册论文集《长水集》，这是引导历史地理界几代人的重要成果。但他还来不及将他多年教授中国历史疆域政区变迁的课程整理成一本讲义。去世之前，他把八册《中国历史地图集》总图汇为一册，成为《简明中国历史地图集》，并为简编本里的每幅图写了图说，这些图说合起来大概有四万字，等于是一个结晶。

我们过去只讲"是什么"，也就是研究历代的行政区划实际上是怎么变化的；至于"为什么"，也就是这些变迁背后的原因和道理，基本上没人研究。前者是技术史学范畴，后者或者可以算是诠释史学的内涵了。但即使过去研究行政区划是怎么变迁的，也只停留在通代的水平，也就是说，只研究这一朝代与另一朝代之间有何不同，而对于一个朝代内部的政区变迁，则还未有人涉及。我的博士学位论文《西汉政区地理》就是用技术手段复原一个朝代里面行政区划的变化，这是断代的研究。现在《中国历史地图集》表现的西汉一百零三个郡国其实是西汉末年的情况，而西汉共有两百年，一开始并不是一百零三个郡国的面貌。两百年间的变化是非常复杂的，其中很多链条是断掉的，但深入研究，可以通过各种零碎的材料和逻辑推理把它们连接起来。大体可以说，从20世纪80年代起，断代政区地理研究的成果逐渐出现。如东汉政区地理，秦代政区地理，等等。而从2007年开始分卷出版的《中国行政区划通史》则将断代政区地理研究扩展到所有的朝代，现在基本上完成了，今年（指2014年）年底应该会出齐，共十三卷，大概有一千万字。

政治地理作为一门学科，已经有一百多年的历史了，最早是德国地理学家拉采尔于1897年提出来的，至迟1902年中国就引入这个概念了，但我们一直没有建构起自己的政治地理学。所谓政治地理学（political geography），就是政治过程的地理学，它有别于地缘政治学（geopolitics），那是地理视角的政治学。在《西汉政区地理》出版后，我读了一些国外的政治地理学著作，觉得中国历史政治地理可为之处很多，例如可以将我们历史上行政区划的一些要素如幅员、层级、划界的原则，用分解的方式进行研究，我的《体国经野之道》就是从这样的角度展开的。最近刚出版的《中国历史政治地理十六讲》就在那本书的基础上扩大了一倍，不仅内容有增补，讨论的范围也更广了。

历史政治地理是历史地理学一个小的分支。历史地理学研究的就是历史时期的各种地理现象，而历史地理有两大分支，一是历史人文地理，一是历史自然地理。历史人文地理又可以分为历史文化地理、经济地理、人口地理等，政治地理也是其中之一。中国历史政治地理研究涉及的方

175

面很多，比如行政区域跟自然地理环境的关系，文化地理与政治地理之间的关系，首都的定位问题，海权的问题，疆域的组成问题，以及政治地埋的结构，等等。

东方早报：政治地理与政治制度是有密切关系的，那么中国的政治制度是否有它的特殊性呢？黑格尔说中国没有历史，有的只是王朝的循环。这话有没有道理？

周振鹤：中国的政治制度与欧洲及日本有很大的不同。中国社会很早就发展出了皇权专制的中央集权制度。从秦到清一以贯之。所以谭嗣同讲：中国两千年之政，秦政也。所谓皇权专制的中央集权制就在中央与地方的关系中，权力集中于中央，在中央的权力结构中将群臣的权力集中于皇帝。这样就形成"惟以一人治天下"的局面。到了清代，无论是皇权的专制还是中央集权的程度都达到了前所未有的高峰。

黑格尔的话与谭嗣同的话表述不同，实质差不多。其实这个意思早被孔子揭出，那就是"虽百世可知也"的历史观。不过，从秦到清，虽然中国的制度本质不变，但在技术上却是不断改进，后朝总结前朝的经验教训，所谓

"善吾师，恶亦吾师"，从而不断提高统治水平。关于皇权专制，这里暂时不细讲，而将中央集权制再稍作分析。

所谓中央集权制，指的是中央政府和地方政府的一种分权形式。中央政府把全国领土划分成不同层级的行政管理区域，在各个区域内设置地方政府，并分配或授予地方政府一定的行政、军事、财政、司法等权力。中央与地方的关系是政治学和历史学的一个重要课题，还牵涉经济学和地理学。目前的研究还是初步阶段，因为它不但要做大量具体而微的史学考证，还要做综合的研究工作，至少涉及三方面的内容，包括行政区域划分、地方政府结构与地方官员设置，以及中央政府对地方政府的具体控制措施与管理方法。

行政区划是一个现代的名称，在中国古代称为郡县制。行政区划是指划分行政区域的行为与过程，它的出现体现了中央集权制国家中央政府和地方政府之间的行政管理关系，这是中央和地方关系中最重要的一个方面。不过，行政区划的基本前提是存在一个中央集权的国家。西周实行的是封建制，亦即封邦建国的形式，所以不能说那时出现了行政区划。春秋战国时期，经过几百年的酝酿，形成了郡县制。到了秦朝，中国形成一个皇权专制的中央集权制国家——不是什么封建制国家。封建时代，在欧洲是比较晚出的，在中国则是老早就出现了，也老早就过去了。只是到了近代，我们采用了日本人的翻译，把 feudalism 翻成"封建（主义）"。在欧洲和日本，资本主义阶段之前的社会形态就是封建社会，在中国恰好这个长时段不是封建制，而是皇权专制的中央集权制。

历史上的中央与地方关系就像钟摆一样，一时摆向这边、一时摆向那边。中央集权过大了，地方运转不好，就要放一点权；放权放得太厉害了，容易造成地方各自为政，中央管不了了，就要收权。但总的趋势是皇权专制与中央集权越来越厉害，到了清代，雍正就把皇权集中到最高程度了。打个不太恰当的比方，从明朝起，中央制度就跟美国是一样的，没有首相或总理，总统直接管内阁，清代更甚，以皇帝贴身的军机处置于内阁之上。在中央与地方之间的权力分配方面，则是从宋代起中央集权就高度发达了，其时地方分权最弱。整个国家的治理，很大程度上就是如何处理中央和地方之间的关系，如何处理中央权力中皇帝与群臣的关系。

行政区划的变迁，就是中央与地方关系的一个表现。行政区划有三个比较重要的要素：一是层级。中国这么大，中央不可能直接管地方，必须分层治理，那么到底分两层还是三层，这就涉及中央与地方的关系了；二是幅员。中央要控制地方的话，分划地域的时候就要注意，到底划多大比较适于管理与控制；三是划界的原则。同一层级的行政区划要相互牵制，就出现了犬牙交错的原则，而比较容易控制的地方，划界一般遵循山川形便的原则，根据河流、山脉来划分。犬牙交错和山川形便就成了行政区域划界的两个基本原则。

东方早报：那么，山川形便和犬牙交错这两条原则是如何受到中央与地方关系影响的？

周振鹤：先说山川形便。山川形便的意思就是以天然山川作为行政区划的边界，使行政区划与自然地理区划相一致。古代交通不发达，高山大河就成了天然屏障，两边因为地貌不同，气候土壤不同，风俗习惯也不同，所以，以山川为界来划分政区是世界各文明古国的通行原则。

战国时期，各国边界就有以山川为标志的。秦始皇统一六国，分天下为三十六郡，也把高山大河当作划界的基本依据。汉代郡的幅员比秦代小了很多，这是因为汉初分封王国，后来为了加强中央集权，又蚕食王国，双方展开拉锯战，使部分郡和山川界线不合。这也是中央与地方之间的博弈。不过，汉代南方一些郡的边界仍然与山川相符合，最典型的就是豫章郡，跟今天的江西省几乎完全一致，三面是山，一面临江。隋代统一，重新划界，很多地方的划分又回到秦朝的状态。唐代开国以后，正式提出山川形便的原则。唐太宗分天下为十道，玄宗分成十五道，到了唐后期又衍化为四十多个方镇，其中南方的一些方镇奠定了今天安徽、浙江、福建、江西、湖南、广东、广西等省的部分或大部分边界。

山川形便这种原则，在中央政府看来有利有弊。利的一面是在经济、文化等方面可以获益；弊端在于，如果政区的幅员足够大，地方官权力又过大的话，利用地形的险峻，易守难攻，就可能发生割据。比如，东汉末年各地州牧的割据，接着就是三国鼎立；唐代后期藩镇割据，接着造成五代十国的混乱局面。

再说犬牙交错。虽然秦代划分郡界基本原则是山川形便，但在局部地区又辅以犬牙交错的原则。汉代比秦代更进一步，不但用在郡与郡之间，还用于王国与王国之间。中央政府能迅速平息七国之乱，也得益于犬牙交错的原则。宋代以后，这条原则的使用就更加普遍了。宋代的路比唐代的道更偏离山川形便的原则。到了元代，就更是极端。元代行省的划分方法，连中国几条最重要的山川边界都视而不见，如秦岭、淮河、南岭、太行山。唐代的道以横向为主，元代的省以纵向为主，往往是笔直一条下来的。你看元初陕西四川行省，在地貌上覆盖了整个陕甘黄土高原和内蒙古高原西部，还越过秦岭，包括汉中盆地和四川盆地，还包括贵州高原北部。元代这样划分，与自然地理区划完全脱节，一方面是统一过程中从北到南的军事行动所致，也为了平时在军事上从北往南的控制，另一方面是为了破除山川之险。可以说，元代划分政区优先考虑的是政治因素，中央集权决定了地方行政区划的形态。

中央与地方的关系，两千年来一直都在变化，都在不断地调整。行政区划的变迁，就是中央与地方关系的一个表现。

东方早报： 您曾指出，中国古代行政区划层级变迁在历史上有过三次循环，其中唐宋占据怎样的地位？

周振鹤： 简单地说，中国古代行政区划层级的变化，大致可以分为三个阶段。第一个阶段是秦汉的郡县二级制转化为魏晋南北朝时期的州郡县三级制，前后经过八百年。第二个阶段重复了从二级制到三级制的循环，即隋代和唐代前期的州（郡）县二级，变为唐代后期和宋辽金时期的道（路）州县三级，也大约有七百年。第三阶段是元明清时期及民国初年，历时六百多年，政区从多级制简化到三级制，以至短时的二级制。

说到唐代，唐太宗在隋炀帝的基础上，以山川形便把天下分为十道。这十道都以名山大川或关隘要塞作为界线，形成了在地貌组合上相当完整的地理区域。十道的划分是《禹贡》九州以来第二次最重要的地理区划。这里插一句，过去人们对《禹贡》的性质不大清楚，到底是政治地理呢，还是自然地理或经济地理呢？争论了很久。照我看，基本上还是政治地理，即古人对政治地理的两种基本认识：一种是五服制，圈层状的；一种是九州制，分块状的。九州是统一愿望的体现，十道则是统一后君主踌躇满志的表征。九州的分布是北六南三,十道却是南北对半开。开元年间,唐玄宗把十道分成十五道。安史之乱爆发以后,唐代政府相继在全国布置了四十多个方镇。

由内藤湖南提出的"唐宋变革论"现在得到很多人的认可,并得到许多延伸性的阐释,不过我以为唐宋变革的关键点不但在唐宋之际,还在安史之乱。唐前期和唐后期是两个截然有别的时代。安史之乱的影响非常大,甚至可以据此将古代中国划成前后两个不同的时期。我以前写过一篇论文《唐代安史之乱与北方人民的南迁》,把安史之乱引起的移民过程揭示出来。历史上的这次移民也是规模极大的,但因为史料很分散,显得比较隐晦。过去一般认为中国历史上有两次最重要的移民浪潮,一次是西晋永嘉之乱以后,一次是两宋之际,其实安史之乱以后到唐末五代也发生过一次移民大潮。这是从人口的角度反映安史之乱造成的巨变。

安史之乱也造成唐代制度上的大变革。比如说,唐前期的赋税制度是租庸调,到后来就变成两税法了;唐前期是身份性的府兵制,后来就变成职业性的募兵制了;在中央地方关系方面,原来是高度的中央集权,到了唐后期,两级政区变成实际上的三级政区了。总之，行政、财政、军政三方面都有很大的变化，安史之乱等于是把一个唐朝变成两个唐朝了。另外，在经济方面，经济重心也开始从北方移到南方来了。

进一步而言，唐宋变革也体现在中央与地方关系上。唐前期是州县两级制，唐后期实际上成了方镇—州—县三级制。尽管中央始终不承认方镇一级地方区划。到了宋代，接受唐代藩镇割据而造成五代分裂的教训，又要避免两级政区过多难以管理的局面，特地设计出一种虚三级制。亦即行政区划虽分为路—州—县三级，但州县这两级是实的，而路这一级是虚的，其权力分散于转运使司（掌财政）、安抚使司（掌军事）与提刑使司（掌司法）等不同机构中，不设单一的路一级的长官。更进一步，有时还使不同使司管辖的路出现相互交叉的现象。这一设计使地方权力几乎完全集中到中央，故自宋代以后直到清代，中国再也没有出现因地方割据而引起皇朝覆灭的现象。

东方早报：在正式的政区之外，还有一种军管型的特殊政区，中央政府是如何控制管理的？

周振鹤：历代王朝疆域的组成，不仅有正式的政区，还有各种类型的准政区，特别是在边境和少数民族地区，往往采用军管或军事监护形式的特殊政区进行统治管理。比如在汉代的时候，都尉作为郡太守的副贰，掌管一郡的军政事务。但在边境和内地某些地区，都尉又往往和太守分疆而治，单独管理一部分地域的军政和民政，这块地区也叫都尉，成为一种实际上的政区。此外，汉代还有一个相当特别的行政区划，即西域都护府。都护府的地位相当于郡，但不辖县，而是以军事监护的方式管理天山南北绿洲上的小国，大概有五十多个。

再举一个明代的例子。习惯上，学术界认为元明清都是实行行省制的，其实有所区别。元代的行省制，是将临时的军事行动制度变为平时的地方政治制度。而明代的地方政府比较复杂，是三级（布政使司—府—县）与四级（在府县之间有州）的混合。因为地方最高一级政区最有可能发生割据，所以明代就向宋代学习，将事权分散于都（都指挥使司，掌军事）、布（布政使司，掌民政）、按（按察使司，掌司法）三司手中。三司分立制度与元代行省性质并不一样。前者是官署分开，后者官署唯一，只是官员职权分散。明代的高层行政区划习称为省，在大部分时间内，全国分为十五省。但省其实从未作为正式名称，十五省的正式叫法应是两京—三布政使司。三司分立制就是防止地方权力过大的重要措施，只是到了明后期地方多事，不得不以总督巡抚来节制三司，以保证地方政府的正常运作。

在三司之中，都司及其所统卫所制跟唐朝的府兵制有相似之处。明代初年，朱元璋就在全国以及边疆要害之地设立卫所，用作军事布防。都司卫所是明代自成一系的军事机构，又是一种特殊的行政区划。

我们可以看出，在政治因素之外，军事因素对行政区域的分划也有不可忽视的作用。一来军事行动跟政治目的密切相关；二来这是国防和治安的特殊需要。元初行省的区划就是军事征服过程的直接产物。到了现代，也有以军事行动范围作为行政区划的例子。比如说，中华人民共和国成立初期的东北、华北、华东、中南、西北和西南六大行政区就跟解放战争四个野战军的作战区域有关。

东方早报：现在中国疆域的形成跟清代有密不可分的关系，清政府是如何治理这么广阔的疆域的？

周振鹤：有些西方人和日本人老是认为，清代中国的疆域只有"本部十八省"，藩部不算的，他们总说满蒙地区不是中国的领土。这是一个很大的问题。这里面就涉及中国疆域的结构问题。清代中国的疆域是由三部分组成的：一是东北，即满洲，那是满人的根据地，清王朝的龙兴之地；二是藩部，也就是东北西部和十八省之外的地区，从内外蒙古到新疆到青海到西藏，这一大片都属于藩部；三是内地十八省，这是俗称，一般正式称呼为直省，因为其中有一直隶，是由中央政府六部直辖的。这十八省基本上是继承明代疆域而来。明代有两京十三布政使司，也就是十五省，到了康熙六年（1667年），把明朝的南直隶，也就是清初的江南省分为江苏、安徽两省，又把湖广分为湖北、湖南两省，陕西分为陕西、甘肃两省，这样就成了十八省，一直延续到光绪初年（1875年）不变。因为有藩部，日本人故意造出"本部"一说，"本部"这个词原来是没有的。于是，西方人和日本人就讲，长城以外的地方就不属于中国。我们知道，清代是中国历史上最后一个皇权专制的中央集权制皇朝，疆域极广，行政统治极为深入，中央集权达到登峰造极的地步。因为疆域广袤，地理环境极其多样，地域差异极其显著，民族成分极为复杂。这样大的一个帝国，清政府要治理好，就采用了分地域管理的方法。清朝有几个皇帝是很厉害的，像努尔哈赤、皇太极、康熙，都有很高明的政治思维。

中国自古以来就是一个多民族国家，对于少数民族始终采取特殊的统治政策。即使同是农耕民族，但生活方式与汉人不同的少数民族，治理方式也是不一样的。从历史上看，对于少数民族的治理，秦代有道，西汉有初郡，魏晋南北朝有左郡左县，唐宋有羁縻府州，元代以后有土司，到了清朝还有藩部。在这些非郡县制地区，中央采取的治理方式都比较宽松，基本上是"统而不治"，只要你承认统一，在某些方面就允许你实行自治。这些地方往往不征收赋税，或基本上是轻赋薄税。在清代，藩部是指内外蒙古民族的生息地及蒙古势力范围所及之处。清朝统治者对满洲、藩部和直省这三大区域的管理方式是很不一样的。

努尔哈赤拿下辽沈地区以后，满洲的势力范围就扩展到东北大部地区。满人是半游牧民族，在这种生活方式的影响下，满族的社会组织就采用军政合一、兵民合一的方式，也就是通常说的八旗组织。这种制度是以人丁为单位的，跟按照地域划分居民的管理形式很不一样。在内地十八省，清代的行政管理体系延续了从秦代开始的郡县制。清代的政区层级分为三层，省是高层政区，省以下是府州一级，为统县政区，府州以下则为县级政区。而在地方职官的设置方面，却形成五层管理形态，即总督—巡抚—道员—知府（知州）—知县。也就是说，三级政区（省—府—县）却对应五级政府。清代中期定制以后，专管一省的最高行政官员是巡抚，个别省如直隶与四川则设总督而无巡抚，反之有些省如河南、山西与山东在巡抚之上则不设总督。另外，有两省或三省之上设总督一员，如江南总督、两广总督之类。

藩部地区的管理制度比较复杂，大致可分为三大块：一是蒙古地区；一是回部地区；一是西藏地区。这三大地区都曾在蒙古族军事统治之下，但内部管理则先后有所不同。

理藩院最初称作蒙古衙门，因为这个衙门的设立就是专为管治蒙古地区的。蒙古后来征服西藏和回部，理藩院的范围自然随之扩展。但西洋学者把它比附为近代欧洲国家在海外建立的殖民省，是完全错误的。理藩院和六部是平行的，都是中央机构，只是所管地域不同。理藩院长官也是尚书侍郎，与六部一样。

清人在入关前就已经统辖了漠南蒙古，入关后，又向漠北蒙古与漠西蒙古逐渐推进，蒙古地区采用盟旗制度进行治理。在西藏地区，清政府也是因地制宜，容忍西藏地区实行政教合一制度，但这是一个特例。中国历史上的传统是政在教之上，所谓"不依王法，佛法难立"，即政治永远要统辖宗教，与欧洲的历史过程完全不同。即使在允许政教合一的西藏地区，在进行达赖、班禅转世的金奔巴瓶抽签仪式时，也必须有中央大员在场才算合法，牢固地保证西藏不会脱离中央政府的管治。这个方法后来国民政府也采用了，其形式一直延续到现在。

（本文原载于 2014 年 2 月 16 日《东方早报》）

不要迁都，要功能分疏

中国行政区划的秘密

南方周末：《中国行政区划通史》这项学术研究持续了十来年，如果从您的博士学位论文《西汉政区地理》开始，则这一思路延续了三十来年，必要性在哪儿？

周振鹤：为什么要做这个事？大概可以从两个角度出发：每个朝代的统治者，都在行政区幅员、管理层级方面，以及政区之间如何划界、如何通过行政区划分平衡政治势力等方面，用尽心思。中国人重视历史，保留的历史文献比任何国家都丰富。历史研究有政治史，有经济史、思想史、文化史，但从行政区划变迁的角度来研究历史，过去未成为专门，到了清代乾嘉时期，逐渐形成沿革史研究的苗头。20世纪30年代以后，中国历史地理学科逐步形成，包括顾颉刚先生以及我的老师谭其骧先生在内的一批学者开创了这方面的学术研究。

历史研究总要向前推进，断代政区地理的研究就是要将基本脉络的研究进一步演化到详细过程的研究，这就是《中国行政区划通史》项目设计的由来。

另一方面，在解决行政区划变迁过程时，我们必不可免地要思考这样一个问题：为什么会产生这样的变迁，因为这些变迁都是人为的，既是人为，必然有其原因，如果我们从政治与地理相结合的角度来考虑问题，会不会有正确的答案。前一个考虑就是《中国行政区划通史》产生的缘由，后一个考虑则在我最近出版的《中国历史政治地理十六讲》里有所回应。

南方周末：在后面这一个思考过程中，您发现了什么？

周振鹤：通过政治地理学方面的思考，我觉得如果我们通过行政区划的一些基本要素来进行分析，可能会理解行政区划变迁过程的原因所在。于是我从行政区划的层级、幅员以及划界的原则方面发现了一些规律。例如在政区划界方面，我发现了两个基本原则，即山川形便与犬牙交错。这两条原则我提出来后，现在变成学术界公认的了，所有的人提到中国政区划界的基本原则，往往就直接用我的这个解释。

中国是一个中央集权制国家，同时又幅员辽阔，皇帝不可能依靠中央政府实行直接治理，只能通过行政区划，设立不同级别的地方政府，发布命令，依靠地方官员实施间接治理。整个国家的治理，往往体现在皇帝处理自己和群臣、中央和地方之间的关系上，行政区划的变迁，与此有密切的关系。

一方面，古代交通不便，高山河流，常常成为天然的区域界线。另一方面，为了防止地方势力坐大，防止那些有野心的王侯、将相和地方大员对皇权与中央集权产生威胁，中央政府在行政区域的划分上，往往会从政治平衡、相互牵制出发，在局部战略要地，破除山川河流之险，采取犬牙交错的原则来确定政区边界。例如秦代岭南三郡的北界就与南岭的走向相交错，这个交错现象一直延续到汉初与南越国对峙的时候。

再以西汉内部的政区边界为例：为了让诸侯间互相牵制，边界的划分有时完全是人为的，西汉中山王刘胜的传记里记载，王国的封地边界互相犬牙交错，这样王国就互相牵制了，不容易一起生事。

犬牙交错与山川形便这两个原则，基本上可以解释古代的行政区域的划界状况。由此也可见中国古代的一种政治智慧。

南方周末：从什么时候开始，这个规律不再有用？

周振鹤：到了近代，战争的方式越来越先进，越来越现代化，冷兵器时代的犬牙交错就不能起作用了。后来行政区划的犬牙交错原则意义就不大了。

河南跟河北原来是犬牙交错。原来，河北大名府非常靠南边，一直靠到黄河边了；河南越过黄河，一直到北边。后来慢慢调整，不那么犬牙交错了。但现在河南的新乡和安阳，还在黄河以北，就是过去的遗留。另一种形式的例子，也与山川形势有关，如四川是洼地形，易于割据，山西是凸地形，也有利于割据，历史上地貌成为割据的因素，还是很多的。

中央集权制国家如何实行治理，是三方面的结合：即先划行政区域，再设地方政府机构，就像一只鸟的两个翅膀，当然还要加上一个指挥的脑子，也就是地方的法令制度。过去，地方制度学术界研究比较少，我曾写过《中国地方行政制度史》，就是试图将这个制度给讲清楚。唯一的遗憾是，相比中央政府的档案的完整性，地方政府的档案很少，基本没保留下来。要讲清楚历史上地方政府的运转过程不大容易。

中国几千年的行政管理、行政治理，在世界上可能是超一流的技术，值得我们好好地研究。

历史中国的疆域标准

南方周末：您认为清朝乾隆时期中国疆域领土最大，这和公众的认知有点距离，为什么？

周振鹤：中国疆域哪一朝代最大，一直是一般人最感兴趣的问题。其实这与如何界定疆域标准密切相关。中国历史上唐代、元代与清代的疆域都很大，但唐代的疆域里头有一部分不是直接统治的，元时期，今新疆的部分地区及台湾还未被纳入版图。我的老师谭其骧一辈子做疆域政区研究，他认为，从乾隆二十四年到道光二十年间（1759—1840年），是认定历史中国疆域的最合适时期，这段时期中国再无中原王朝与边疆部族政权之分，完全统而为一。康熙时期，台湾纳入清王朝的统治；乾隆二十四年（1759年）以后天山南北路纳入清朝疆域，作为历史中国的疆域标准，最合适。

谭先生认为这个解释是最适宜的，中国的中央集权制国家，发展到两千年以后，自然而然，形成一个多民族大帝国，边疆范围又很明确。

南方周末：我发现，宋代推出的三级制度，路（虚）—州—县，上面是中央政府，和今天的县、地级市、省、中央很像，差别不大。

周振鹤：从秦到清，中国行政区划层级有三个阶段的变化。第一个阶段是秦汉的郡县二级制转化为魏晋南北朝时期的州郡县三级制，前后经过八百年。第二个阶段重复了从二级制到三级制的循环，即隋代和唐代前期的州（郡）县二级，变为唐代后期和宋辽金时期的道（路）州县三级，也有大约七百年。第三阶段是元明清时期及民国初年，历时六百多年，政区从多级制简化到三级制，以至短时的二级制。

现在大致也是三级制，不过虚的一级是地区。民国初年，省以下分道，道下有县，到了南京国民政府时期，把道取消了，省底下管县，两级政府，后来为了"围剿"红军，又设专区；新中国成立初期，先是在中央政府下，划分大区，后来取消，就是省、地、县虚三级，20世纪80年代后，变成省、地级市、县（县级市），做实了三级制。

但80年代以前，不管是民国还是新中国，专区或地区这一级是虚的，是省政府的派出机构，不是一级政府，只有行署专员，也没有省和县那样的政府机构。地区一级比如人大、政协这些实体机构都没有。

后来，"地改市"和"县改市"在江苏、辽宁出现，地级市成为实体机构，人大、政协、公检法、委、局都有了，行政区内变成了三级实体机构，后来就变成了今天这样的状况。

南方周末：怎么看目前的政府减少地级市的试验？

周振鹤：按照宪法来说，行政区划分省、县和乡镇三级，没条例说地级市可管县，地级市从法理上说不是合法的产物。

中央政府希望控制的层级越少越好，中央政令可以一竿子到底，有利于政令畅通。但矛盾在于，国家太大，层级太少，管理有困难。

从现实角度来看，有的省区域很大，县特别多，中间多出一个地级市，也是相对合理的。但没必要全国都设立地级市，现在要撤销，难度太大。未来也有一种可能，就是调整行政区划，全国分成50个左右的省，这样就可以彻底取消地级市了，直接就是省县两级政府，地域小，也便于治理。

"县改市" "市改区"乱象

南方周末：20 世纪 80 年代开始，您就呼吁行政区划调整，而且一直是社会热点话题，中央政府有回应吗？

周振鹤：20 世纪 80 年代，香港《大公报》就刊登过我的主张，建议全国分 50 个省，跟民国初年袁世凯理想的道县两级政府类似。当然袁世凯想要取消省一级的想法并没有实现。缩省（即缩小省的面积）的提法在南京国民政府时期也有人提过。如果缩小省的面积，增加省的数量，50 个左右的省，就可以将政区层级简化成两级了，是有好处的。

从中国历史来看，行政区本来就该省管县，但现在的省域之间相差太大，有的省份特别大，比如四川，而海南、宁夏就特别小，直辖市自然也小。

这三十年里，把海南行政区从广东划分出去，单独建省，把重庆从四川划出去，列为直辖市，效果都很好。重庆市和海南省因为幅员小，自然都实行了省（直辖市）管县的制度。

如果按照海南和重庆的做法，建立起多个这样的分省，或新增直辖市，省小了，一个省管四五十个县，由此可减少管理层次、节约管理成本，提高管理效率。

南方周末：您觉得有可行性吗？

周振鹤：有可行性，这些年里，我们已经慢慢做了很多，宁夏早已经划分成一个自治区出来，然后是海南、重庆，这证明有可行性，效果也好，明显推动了经济发展和社会进步。但可以慢慢来，不要一下子推广，成熟一个弄一个，像河北省，被北京市和天津市分开，地域完全已经割开了，北边一半南边一半，为什么不能分成两个省？或许我们可以从这种条件成熟的地方，一个个做起。

南方周末：现在，地级市下面"县改市"，省会市和地级市下"市改区"，一直是行政区划风潮，您怎么看这个现象？

周振鹤：在中国行政区划上，"县改市"和"市改区"，我觉得是一种不合适的做法。为了发展经济，或争夺利益，把县改成市，现在又把市改成区，改来改去，把县和区的意义给改变了。

中国古代，市是集镇的意思，是归县管的，就是"县管市"，日本受中国古代影响，到现在还是这样。"市"应该是面积比较小、人口比较集中、工商业集中的地方。县级市的出现，使得城市跟农村不分了，城市人口和农村人口混淆了，农村和市区的概念也模糊不清了。

另一个更加混乱的现象是市管市。由于地区改成地级市，地级市下面的县因为经济发展又可能改为县级市，就出现了市管市的现象，比如关于福建省南平市建瓯市的报道，一般人可能以为是南平市与建瓯市并提，其实，建瓯是县级市，属于南平地级市。

中国历史上的行政区划，本来是不同级别有不同的通名，比如郡县是两级，路州县是三级，省府州县是四级等，只需提到哪一级的通名，便知该政区属于第几级，现在一提到某市，完全不知道是哪一级的政区，除非对全国地理十分熟悉。毫不夸大地说，现在恐怕是历史上政区名称最混乱的时期之一。

中国第一个市是广州，1920年，陈炯明把原广东南海县的市区范围单独划分出来，以市命名，跟南海县平行，这是中国第一个城市行政区。后来，市依靠工商业发展起来了，需要生活资源，政府就把市周边的县划给市管理，附属到市底下去了，变成市管县。

南方周末：现在"市"很混乱，有直辖市，副省级市，计划单列市，地级市，县级市，现在还有筹备镇级市的。

周振鹤：乱改的结果是把"市"搞乱了。比如，上海20世纪把崇明县之外的所有县改成区，就把上海行政区和上海建成区混淆起来了，变成上海市比纽约还大。但纽约市的区域很明确，就是城市地区，纽约建成区，有成片房子的地方才算市的面积，田园不算，那是纽约州的地盘。上海市、北京市、重庆市、天津市，连田园都算。

我国很多城市是副省级城市、计划单列市，怎么会有这些概念的？主要原因是它的经济生产量很高，经济地位提高了，对中央、省级财政税收贡献大。官员为了自己的地位，也要争政治级别，后来这个做法成为惯例，许多经济发达的城市，政治、行政地位也相应提高。副省级城市、计划单列市，都是这么来的。

不要迁都，而要功能分疏

南方周末：您曾撰文分析中国历史上的几个都城，西安、洛阳、北京、南京、开封，这些城市为什么能够成为首都？

周振鹤：从政治地理的角度来看，这五个城市可分成两组：东西向的西安、洛阳与开封，南北向的北京与南京。从西周到唐代，长达两千年的时间里，西安与洛阳都是适宜建都的地方，首都在两地之间徘徊搬迁多次；从唐末到北宋二百年间，则是洛阳与开封的徘徊时期，这是一个短短的间奏曲；从金朝至今，则是从北京到南京的往复时期，长达八百年，且与当下关联，还没变过。

过去的帝王，都喜欢将首都定在与自己起家的政治根据地不远的地方。此外，首都所在地的经济、交通条件很重要，有块能生产粮食的平原，可以从经济、生活物资上保障首都的基本需要；后者考虑到军事需要，内控敌对势力，外御外部侵略，因而选择易守难攻的交通枢纽处，有利于帝王对全国的政治控制。

以上这些条件既互相补充，又互相制约。可以说，除了西安，全国没有第二个城市的历史底蕴和地理气势可与北京相比。西安是以西驾东，北京则是以北临南。这两个城市，可以说是两个最突出的以形势取胜的都城。

清朝代明而兴，选择北京为首都，没有任何迟疑，这与金、元时期的思路完全相同。清建立的多民族大帝国，北部几乎囊括全部蒙古地区，西北包容准噶尔与回部，西南领有西藏地区，远远超过汉唐盛世，北京的地理位置也因此不像过去那样偏向北部，而显得相对比较适宜，近乎天下之中的位置。

进入民国，北洋政府的政治基础在北方，定都北京自然是不二的选择。但由国民党建立的国民政府，其政治基础却在江浙，自然选南京作首都。中国共产党建立的政府，政治基础是五湖四海，也把首都选在了北京。

南方周末：全国政协委员李崴在接受媒体采访时曾提出把首都迁到南阳襄阳盆地。从 20 世纪 80 年代一直延续到现在，首都"迁都"近 30 年里一直是社会热点话题，您怎么看这个现象？

周振鹤：不合适，现在并没有迁都的紧迫性，也不具备条件，首都还得在北京。首都不是每个地方都能建的，过去说要有王气，用现代的话来讲，就是它必须有政治中心的历史文化底蕴。

现在的问题是，中央集权过大，资源都集中到北京。比如，现在上海只有经济功能，所谓四个中心，即经济中心、金融中心、航运中心、贸易中心，其实只是一个中心，就是经济中心。其他功能，比如文化中心，并不在上海。

北京现在实际上是一个很重要的经济中心，是真正的金融中心，各方面都集中的结果是，北京越来越大，人越来越多，压力越来越大。

上海一共只有四十几家出版社，北京有几百家出版社。1949 年后，把商务印书馆、中华书局迁到北京，中央各部委都有自己的出版社，再加上高校集中，也各有出版社，自然成为文化中心了。

过去，梅兰芳非到上海唱出戏，才红。1949 年后，不管什么剧团，要进京调演，不到北京去，没人承认你的艺术成就。所有官方机构、管理机构、评价机构、拨款机构都在北京，大家都要北漂去北京。

所以，真正的问题不在于是否迁都，在于不要过分集中首都的各项功能。有些功能可以分散到各地去。把它的非政治功能分散出去，不等于迁都了吗？

我的意见是，不要异地迁都，而要功能迁都，把功能迁出去，产业分出去，人口就跟着产业走了，北京的压力就小了，大家就不北漂了。

南方周末：您怎么看巴西和韩国的迁都模式？

周振鹤：韩国不迁都不行，一个原因是首尔离平壤太近，离朝鲜和韩国的军事分界线（即三八线）距离只有四十公里，现在还处在随时爆发战争的状态。

另外，韩国战后经济发展重在首尔，首都城市圈集中了全国半数的人口和七成的经济力量，地价飞涨、交通拥挤、环境污染，制约了其他地方的发展。因此，韩国希望把首都迁到中部地区，分散首都功能，让全国各地区均衡发展。但现在韩国的迁都还没有全部完成，政府机构只迁了一部分。

巴西的情况也差不多，过去的首都里约热内卢是海滨城市。巴西独立后，出于政治、经济和战略安全考虑，把首都迁到了巴西利亚，它的首都只有行政功能。迁都后，巴西利亚、里约热内卢、圣保罗三地分别承担巴西政治、文化、经济方面的中心职能，比较理想。当然，一个凭空而起的首都没有历史根基，也有不利因素。

我觉得，如果北京不疏散功能，不改变发展模式，还会有更多人去北京，首尔就是北京的前车之鉴。相对来讲，巴西的迁都模式比较好，它彻底把功能分散了，促进了更多城市的发展。但对中国这样的历史古国、文化大国，轻率迁都并不合适。

南方周末：怎么看目前各地政府纷纷力推的"经济圈""都市圈"现象？

周振鹤：这些主要是为打破地方政府的行政干预和封锁，有利于发展经济的一种尝试。过去上海也做过，叫作上海经济区，后来加了浙江、江苏，叫长三角经济协作区，后来安徽也进来了，形成了如今的"大长三角"。

为什么？因为地方行政力量太强了。上海经济区没有煤，安徽加入了，为什么江苏不能加入？江苏加入，浙江也加入吧。到后来只有江西不加入，等于整个变成华东行政区了，没有任何意义，所以不能用行政区这种办法来搞经济发展。

后来上海经济区就变成了"长三角"经济区域合作组织，在行政区划的基础上进行统一的经济协作，商品流通销售不设门槛，消费者保障一体化。

这是一个正确的方向，洋山港、三河、花桥这几个地方各自所采取的合作只是最初级的合作，还没有实现上学、工作、教育、医疗待遇一体化，每个参加的城市都有自己的地方利益，所以进展缓慢。

未来，改革使行政区不限制经济的发展，只保留行政管理的用处而已，一点也不制约经济。让社会越来越大，让社会自己去运转，政府只提供服务功能，去掉管理功能，变成法治政府。

南方周末：这几年，出现一个值得关注的现象，比如上海管理运营的洋山港，大洋山、小洋山的属地权是浙江的；内蒙古的加格达奇，城市的管理权属于黑龙江省；上海把地铁、邮编、电话、医疗服务延伸到了昆山花桥；北京把公交车、邮编、电话、医疗服务延伸到了河北三河燕郊，您怎么看？

周振鹤：我觉得很好。行政区和经济区是两回事，最终经济发展就是要突破行政区划管理，我们国家因为是政府主导经济，经济发展指数与官员升迁挂钩，使得官员整天忙于搞政绩样板工程，不断干预经济发展，最后忘记了政府的功能主要在于服务而不是指挥。

所以，经济最好不要由官员直接干预，而是由经济发展自身来推动。否则在目前的发展模式下，地域大小与地点的重要性决定了经济总量的大小，行政区划的修改、调整永远有必要。

我们现在还不是彻底的市场经济，还有行政区经济在里头。完全的市场经济跟行政区划没有任何关系，但有法律边界，官员的手伸不到经济里去。经济发展要求去除壁垒，跨国公司都突破国界了，经济发展肯定要突破行政区划限制。

（本文原载于 2014 年 4 月 24 日《南方周末》）

非常时代非常人

澎湃新闻：您最近在读什么书？可以不止一本，不限体裁。

周振鹤：每天都读报纸，一定要读，其次是各种到手的杂志，然后是与教学研究有关的书，有余暇就读闲书，读的面比较宽一些，但从来不赶潮流读书，也不关心排行榜。至于经典文学名著，大致在大学以前就读完了。暑假里读的书，《东方早报》已经登过了。现在手头上正在看的一部书是：《陈乃乾文集》。由研究兴趣需要，做什么研究就要读相应的参考书。

现在已经没有什么时间看小说了，只看学术方面的书。其实很多小说是很好的，尤其是翻译的外国小说，应该看的，但因为在职任教嘛，实在没有时间看。现代作家几乎一个一个地看过来，但当代文学却完全是门外汉。

澎湃新闻：您最喜欢的历史书是哪一部？为什么？

周振鹤：在古人的著作中，对我影响最大的恐怕就是钱大昕的《廿二史考异》。这本书基本上是没有可读性的，因为它是笔记体，不是内容连贯的创作，也不像赵翼的《廿二史札记》是一篇一篇小论文的集合。这是一条一条的考证，他从二十二部正史中把有问题的地方找出来考订。可能我是理工科出身，适合看这类东西。

如果要说现代作家，应该说鲁迅对我影响最大，我到现在都很崇敬鲁迅，有些话只有他说得出来，说得一针见血。那些激烈批评鲁迅的人，我觉得很可能是没有读懂鲁迅，另一个可能是因为历史感不够，根本没有理解鲁迅生活的时代背景。

澎湃新闻：您最得意的论文是哪篇？为什么？

周振鹤：《西汉政区地理》。因为在此之前没有人用这种方式进行研究。

澎湃新闻：您最喜欢（敬重）的历史老师是谁？

周振鹤：那当然是我的老师谭先生了。第一，他是有学问的；第二，他是不张扬的。这是我很敬佩的。

西方有一种观念，教你不应该成为什么样的人；而中国教育强调你要成为什么样的人。谭先生比较接近西方那种理念。有一次，我陪谭先生散步，他指着路灯底下打牌的人说，我们念这门学问，最大的好处是年老了不必像他们那样。我们能够完善自身，一辈子都可以此为生。

澎湃新闻：您为什么选择历史学作为职业？

周振鹤：其实你这个问题是向正常时代的正常人提的。但我们这代人是非常时代的非常人。比如说，为什么选择历史专业，其实历史专业并不是我选的。当时我首先想的是要念书，怎么样考进学校去念书。因为复旦大学历史地理专业要考的专业课是我最有把握的，所以我报考这个专业，并不是因为我对这个专业有多少了解，恰恰相反，我当时一点都不明白这个专业到底是历史还是地理。对于谭先生，更是闻所未闻，根本不知道谭先生这位老师。你看刚刚去世的俞吾金教授，他报考志愿填的是文学、历史、哲学，什么都填的。

不过，我倒很庆幸我选择了这个专业。第一，它里面很多考证很适合我，因为我是理工科出身；第二，它里头的历史部分也很适合我，因为我喜欢想问题。历史本来是教大家聪明的学问嘛。等于是选对了。

澎湃新闻：在您去过的历史纪念地当中，最喜欢哪里？或您最想去哪里？

周振鹤：我大概什么地方都想去。我去过的地方的确比较多，无论国内国外，都不算少。但是南美还没有去过，比如印加帝国马丘比丘那样的遗迹，我还没去看过。很多地方当然都想去了，但我最想看的还是人类文化的遗迹以及当今的人文社会。自然风光当然很好，但最要紧、最想看的还是人类文化的遗迹。

澎湃新闻：如果让您选择，您最向往历史上哪个时代？为什么？

周振鹤：这个问题不是很好。现在好像很多人愿意做宋朝人。我对中国历史上任何朝代都不满意，唯一满意的是先秦时期，那是百家争鸣、不定于一尊的时代。这倒不是说我愿意生活在那个时代，但我觉得百家争鸣是最好的时代，可惜只有那么一次。

澎湃新闻：要是您有机会和三位历史学家（无论在世与否）共餐，您会选择谁？为什么？

周振鹤：三位太多了吧。我选两位吧：一个是钱大昕，一个是王国维。如果更古一点呢，是庄子，不过他不是历史学家。我最欣赏的是这三个人，前两位是历史学家，跟我专业有关的；后一位是跟我性格有关的，所以我第一本随笔集叫《随无涯之旅》，就是这个意思。

王国维是近代以来最有才华的学者。有个别人认为王国维读书还不够多，但我觉得在世变那么剧烈的时代，他能在文学、史学、美学方面取得那么大的成就，提出自己的见解，而且一直到现在我们还要不断引用。这不是一般人能达到的。

如果讲学问的深度，钱大昕是乾嘉学派里头最厉害的。他的逻辑思维是非常清楚的，他的历史眼光也是非常高明而且非常深邃的。不但历史学，他在金石学、音韵学方面也是成就很大的。在专而深的研究方面，同时代的人都比不上他。无论是戴震还是赵翼，更不要说王鸣盛了。

我觉得这两个人（钱大昕、王国维）是大学问家，一个是面很广，一个是有深度。

然后呢，性格很特别的是远处的那个庄子。

澎湃新闻：您有什么珍藏的历史读物吗？搜集跟历史有关的物品吗？

周振鹤：对于文献收藏，我最感兴趣的是近代文献，1800年以后，到大约1920年以前的，这个时段的文献。大家不太注意的东西，我比较注意。比如，关于中外语言接触的东西，近代新闻出版的史料，我很感兴趣。这些东西，以前公家图书馆和私人收藏者都不认为是重要的，但实际上是很重要的。

澎湃新闻：对于希望以史学研究为职志的青年学子，您有什么建言？

周振鹤：两个字，读书。

（本文原载于澎湃新闻网，2014年11月21日）

中国政区为何总在变

北京晨报：对普通读者来说，"历史政治地理"这个词有点陌生，似乎国内相关著作不多。

周振鹤：我这本书（指《中国历史政治地理十六讲》）确实比较小众，一般来说，在政治与地理的关系方面，有两种学问：一是政治地理学，主要研究国家的领土疆界、首都、行政区划等政治现象，国际政治关系的格局及其发展变化，为国家的政治决策、国际事务等工作提供依据。这是拉采尔在1897年首次提出来的，距今100多年。简言之，就是从政治角度看地理变化。二是地理政治学，是从地理的角度去看政治，又叫地缘政治学，后被豪斯霍费尔发展为"生存空间说"，成了纳粹德国对外扩张的借口，所以"二战"后一度衰落。这是因为它走向了极端，真理迈出一步，就可能成为谬误，但"冷战"结束后，地理政治学又受到了一定的关注。

如今国内谈地缘政治学的人很多，但懂的人很少。在西方，新世纪之交时出过很多书籍，但基本未引入国内，政治地理学的专业书也如此，国内很难找，20世纪八九十年代编译过一本教材。

北京晨报：您主编的十三卷巨著《中国行政区划通史》今年（2014年）会完成吗？为何又想起去写这本《中国历史政治地理十六讲》？

周振鹤：这套书终于快要做完了，但有点不满足，因为它没有回应更多的问题，比如为什么会发生这些政区变迁？政区变迁的道理在哪里？对疆域变化、海权认识等，如何进行历史分析？能不能从政治角度来理解这些变迁？我写这本书，就是针对这些问题进行解答，属于诠释史学，主要面向专业读者。

政区变迁的背后，自有其规律，比如秦代政区划分基本是依据地理环境而定，各政区边界与山川走势基本相合，可到了西汉，为压缩诸侯，多封众建，政区边界与地理环境的偏离就非常大。

北京晨报：说到了解地理变迁才能正确认识历史，我有一个疑问：在春秋战国，函谷关被认为是天险，甚至用"一丸泥"就可以塞住，为什么后来关中却屡屡被突破？

周振鹤：秦统一天下前，只有关中，这个通道很重要；统一天下后，这个关便没那么重要了。到了汉代，关梁基本被拆开，以利货物运输，虽然潼关很坚固，但比其他关隘也只是略强，说"一夫当关，万夫莫开"，是冷兵器时代的神话，楚汉相争时，刘邦带的兵不多，也从那里打进了关中，并非不可跨越。

北京晨报：以往人们似乎更关注经济地理，为何您更关注政区地理？

周振鹤：从中国的实际情况看，政府主导因素显著，政治区划往往也是经济区划，这在今天也不难找到例子。比如从上海坐地铁能到江苏昆山，可出了上海市界，公交卡就不能通用了。我们的经济受行政区划影响很大，如果单从地理特点发展经济，建一个大工厂，重点考虑的是运输、供电、成本、煤炭等的方便，可我们有时恰好相反，所以不能只从经济地理角度看问题。

研究历史不能忽略背景，而这个背景往往与政区相关。

北京晨报：为什么历史上中国行政区域变动如此剧烈频繁？

周振鹤：美国这么多年来，50个州的州界基本没动过，定完就完了。而我们的变动比较大，从大处看，近几十年增加了海南省、重庆直辖市；在细节上，县一级年年都在变，行政区划手册总有调整。

为什么要调整？因为行政区划常落后于经济发展，经济会自动形成中心、网络，与人为规定产生矛盾。

比如清末时，乌镇经济已很繁荣，与一水之隔的青镇经济彼此紧密关联，本应一体，可它们分属不同县、不同府，无论怎么争取，就是并不过来。

再比如"上海经济区"曾引起广泛关注，因为它能把长江南北经济结合起来，可江苏、浙江、安徽、江西都想加入其中，几乎成了华东区，由于无法脱离行政区划的框架，只好无疾而终。

北京晨报：行政区等同于经济区，会产生怎样的正面与负面作用？

周振鹤：初期有正面作用，在 GDP 考量的压力下，各行政区竞相发展经济。可度过这个阶段后，又会成为制约因素。因为划块而治，产业同构严重，一家赢利，众人模仿。"大炼钢铁"时，目标不过是一千多万吨，要求"头可断，血可流"，如今我国年产钢已达 2 亿吨，钢材价格持续下跌，有点得不偿失。这种发展，仍然是粗放型发展。

经济发展，必然要走向全面的市场经济，你说苹果算哪个市、哪个州的？它在世界各地都有工厂。一家工厂，如果一半车间在苏州，一半车间在上海，人们完全忘掉了中间的那条线，这才是真正的以市场为中心。

我觉得，要真正抓住看不见的手，而不是总抓住看得见的手。不过，还是一步步来吧。

北京晨报：为什么会有人对行政区如此恋恋不舍？

周振鹤：这不奇怪，在传统社会中，农业经济为主，就像马克思所说，人们的生活就像袋子里的马铃薯，每个马铃薯之间没有关系。所以，需要通过政区将大家集中起来，小农经济是分散的，越是小农经济，越容易出现集权的情况，比如当年的法国、波兰等。

北京晨报：政区地理变迁的规律是什么？

周振鹤：后代总在吸收前代的教训，发现对统治不利，就会改一下。

比如汉代吸取了秦代的教训，从中央到地方是二级制，每个郡都很小，分化了反对的力量，可黄巾起义爆发后，各郡实力不足，难以弹压，只好合郡为州，结果各州实力增强了，尾大不掉，纷纷割据。唐代吸取了这个教训，虽然分道，但不设行政机构，仅仅负责监察，宋代也是二级管理，可400多个州、1000多个县，皇帝管不过来，只好设路，近似于后来的省，为了不让它成为行政区，便将职权分下去，没有省政府，但副作用是事权不统一。

总之，一代代都在完善，到清代，一切权力都由皇帝

221

垄断，像雍正那样，以一人治天下，出门就是军机处，13年不出京城，甚至连例行的赴东北祭祖都没去过，这么个搞法，也就只好累死了。

北京晨报：今天网友们特别热衷于讨论"迁都"的话题，从政区地理的角度看，您是否同意？

周振鹤：我不同意。城市人口集中，机会就更多；但过分集中，也会带来压力。从历朝情况看，首都人口必然会多，但过去是如何化解掉压力的呢？因为过去首都只是政治中心、文化中心，不像后来，什么中心都往首都放，首都为什么还要做经济中心、金融中心、出版中心、航空中心之类呢？

上海曾是中国的金融中心，可现在全国几乎所有大银行的总行都放在北京，因为财政部等部门一开会，大家随时能去，如果在上海，老总还要天天赶飞机，实在太辛苦了。幸亏北京不靠海，否则恐怕还要成为航运中心。

美国首都是华盛顿，经济中心是纽约，德国首都是柏林，航运中心是法兰克福。把一些中心分出来，才能减轻压力，否则天天堵车，北京也不会愉快。

北京晨报：还有很多网友提议，分成50个省，您怎么看？

周振鹤：提这种意见的网友缺乏专业背景与历史基础，出于好玩的心态，便在地图上随便画，其实只要念念相关的书，画起来就会有根据得多，可不论怎么画，如果还是行政区、经济区不分，也都是无关痛痒。

北京晨报：政区地理给了我们看问题的新视角，但它太专业了，普通读者该如何进入？

周振鹤：恐怕很难。学习历史政治地理很艰苦，我带的研究生几乎天天泡在资料室，因为要懂经济学、政治学、边疆史、民族史等。有的学生本科学的是新闻系，来我这里都说原来的功课太轻松了。

普通历史读者恐怕还是更喜欢读故事，比如《明朝那些事儿》之类，大家看多了，还出了好多"明粉"。其实明朝能好到哪里？嘉靖、万历几十年不理朝政，只是由于皇权控制弱了，诸事不定于一尊，商品经济、文化才有了繁荣的机会。也许朱元璋早料到了这个局面，所以设计出这么一套制度，就算皇帝昏庸，制度也还能自动平稳运行。

一本学术书不大可能流行，过几十年后，人们还能想到它，就很不错了。

（本文原载于 2014 年 11 月 16 日《北京晨报》）

用道契"拼"成的外滩地区原貌

文汇报：你们最近完成的这项研究非常有趣，把开埠以前和开埠初期的外滩地区的面貌准确并生动地复原了出来。请您先谈谈，开埠以前，上海的外滩地区是一番怎样的面貌？

周振鹤：我们一般所谓的外滩这块区域，过去只有定性的描述，而无定量的描述。以前我们只知道，那里在上海县城北面，属于郊外，有人说是一派田野风光，也有人说是一片荒芜，冢墓累累。总而言之，对于当时的上海县城而言，那里就是东北郊区，是荒郊野外，而当时的野外景观无非就是这么几类——桑田、河浜、土路、坟墓。

西洋人来上海，一般都是从吴淞口上岸，或陆行，或乘船往黄浦江上行。因此他们一路上看到浦江沿岸及县城以北的风光差不多都是这种郊野风光，外滩地区在当时也不例外。比起苏州河以北的其他地方而言，这块地方离城里相对近一点，地上没有房舍，不是居民区，但这些地是有主的，这些荒郊野地的主人可能就居住在县城里面或县城附近。这些地的主人是很明确的，哪块地属于谁，主人姓什么，都可以查到。而且，同一个人拥有的地可能是分散的，这里有一块，另一个地方又有一块。这些信息我们查阅上海的道契资料就能获得，所以道契是很有用的历史资料。

文汇报：您刚刚谈到东北郊的荒野地区。开埠以前，上海的北郊和西郊也是荒郊野外吧？

周振鹤：对，但是整个外滩这一块，就是在东北。当然，我们在这里所讲的外滩地区，范围稍稍扩大了，把它扩大到山东路了，其实外滩本来只是指黄浦江滨地带。

当时山东路还是河。后来，今山东中路段就是沿着河浜修建的一条土路，原来造的房子可能就是在河边，到通

226

路的时候也用不着拆房子了。

文汇报：现在俗称的"外滩"和以前所指的"外滩"有何不同？请您简单谈谈"外滩"这个地名的沿革。

周振鹤：现在的"外滩"和过去所谓的"外滩"完全不一样。现在的外滩这个地方，以前一直是叫黄浦滩的，不叫外滩。真正的当时普遍叫外滩的是什么地方呢？是十六铺外滩，也就是小东门外滩，十六铺相当于小东门，小东门是城门，而所谓铺，就是一块一块分块治安的区划单位。

"外滩"这个称呼大约从南市地区沿江地带的习惯称呼而来，因为宣统元年（1909 年）出版的《上海指南》中有大量的以"外滩"缀尾的地名出现，如南市董家渡外滩、南市新码头外滩等，在更早出版（1905 年）的《上海杂志》里，则可见多处小东门外滩、十六铺外滩的称呼。与此同时，今天的外滩在当时明确称"黄浦滩"。英租界里的五条主要马路，南京路、九江路、汉口路、福州路与广东路都写明是从黄浦滩到泥城浜（只有福州路的别称四马路比较特别，注明是从黄浦滩到大新街）。泥城浜就是西藏路，那里原来也是一条河浜，上海很多道路其实都是由河浜填成的。这是河网地带城市现代化的特征之一。

上海指南式的书，最早一本就是《上海杂志》，内载各银行地址有：中国通商银行黄浦滩六号、汇丰黄浦滩十二号等。不说黄浦滩路，只说黄浦滩。

而法租界的沿江部分，则称法兰西黄浦滩。

直到1948年4月，上海解放前一年出版的《上海市大观》第二章第四节标题还是"黄浦滩草莱初辟"，正式名称仍为黄浦滩而不是外滩。但在比较黄浦滩与垂直于黄浦滩的"后街"（如派克弄，即后来的南京路）时，则也同时称外滩，因为与垂直于黄浦滩的街道相比，黄浦滩的确是在"外"。这本来也是南市沿江地带称为外滩的相同理由。所以今天闻名于世的"外滩"的叫法其实出现得很晚，而且是移用原来南市沿江一带的称呼而来。现在喧宾夺主，南市的外滩反而要称为"南外滩"了。

文汇报：以上所提到的都是中文的上海指南一类书，那么有外语类的早期上海导游书吗？书中又是怎么称呼外滩的？

周振鹤：上海外滩的出名其实是很早的，从苏州河口到洋泾浜（现延安东路）口这段沿江大道，是外国访客一定要观光的地方。比上述《上海杂志》更早一点出版的一本英文的上海导游书 Shanghai——Its Chief Objects of Interest 所列举的第一个景观就是外滩，称它为"世界上最有趣的、最有名的与最漂亮的大道之一"。想想这时还是 20 世纪的开头，外滩的建筑群还处于第二期的形态，远未有 20 世纪 30 年代以后的辉煌。当然，西洋人称外滩用的是 Bund 一词，这是众所周知的。但值得注意的是，在该书的最前面有一节是"洋泾浜英语"，是让来华的外国人学会这种简单的混合语以应付在上海的日常生活。其中有一句跟我们上面的问题相关，是教洋人若想乘人力车到外滩去游览，那么应该说 Bund 这个词，但如果这样说不灵光，则应改口说 Wangpoo，这样车夫就懂了。Wangpoo 是上海话"黄浦"的对音，也就是说，当时的洋人是知道中国人将今天的外滩称作"黄浦（滩）"的。

文汇报：也就是说，有这样一段时期，"外滩"和"黄浦滩"这两个地名其实是同时存在，但分别指不同的地方？

周振鹤：同时存在过。那个时期外滩通常指小东门外滩。

所谓的外滩其实是这样的：黄浦江过去比较宽，后来越来越窄，因为它有涨滩，也就是说，支流汇入黄浦江，携带了泥沙，黄浦江的河滩就一直涨出去。涨出去了多少亩，是要申报的，这个是公地，不是私有的。涨出去以后，就可以在外滩修一条马路，那么过去的外滩其实就叫里滩了，因为有新的外滩出来了嘛。所以过去外滩是一个不确定的概念，涨出去的滩都叫外滩，外滩不是一个明确的地名。不像现在这样，特指中山东一路那一带。

文汇报：什么时候开始，"黄浦滩"和"外滩"的所指发生变化了？

周振鹤：既然一直到20世纪40年代还是把外滩称为黄浦滩，那么我就想再找找看，什么时候开始叫外滩了。后来查到《费唐报告》，全称是《费唐法官研究上海公共租界情形报告书》，完成于1931—1932年。其中文译本在提到公共租界的界线时说：

"公共租界临黄浦江之滩滨,计长六哩。为苏州河割分两段。(一)东段(略),(二)又一段自苏州河起,至法租界之界线止(计长1250码)可称为外滩地段。"

这是现在能看到的较早将今天的外滩称为外滩的时间。根据这个《费唐报告》的中译本,从苏州河到法租界之北界,也就是到延安路洋泾浜这个地方的一段,可以叫外滩。但是也就是这一段,在这个文本中,有"外滩地段"这个叫法,这并不是命名,也并无特别,只是这样叫一下而已。而且,也并没有在其他材料中发现是这样叫的。

商务印书馆1930年出版了增订的《上海指南》,依然将今外滩指称为黄浦滩。

而到20世纪40年代的《上海市大观》还是以"黄浦滩"来指称。"外滩"这个叫法,恐怕要到新中国成立以后才普遍用以指现在的外滩吧,因为到了那时候,这里已经遍布了银行、海关等机构,"外滩"这个地方对上海而言已经是非常重要的了。

也就是说,今天的外滩在开埠以前是郊野之地,并无固定地名,相反,县城东南市一带是传统的繁盛商业区,这里的沿江地带习称外滩。此名称移用于今天的外滩时间相当晚，最早只能溯至20世纪30年代的《费唐报告》译本，而且所用口气是"可称为外滩地段"。

文汇报：小东门外滩、十六铺外滩所指的"外滩"呢？

周振鹤：那里就慢慢湮没，没有人叫"外滩"了。那个地方后来一般就直接叫小东门，或者叫十六铺。

文汇报：洋人来上海承租乡民的私有土地，像涨滩这样的公地也可供租地吗？

周振鹤：像公家花园，就是现在的黄浦公园，那块就是涨滩。涨滩一般不允许私自开垦，也是不出租的，但官府事实上也允许乡民购买一些涨滩并承认其私有属性。出租给洋人的涨滩在道契中称为"滩地"。

文汇报：原上海县城的北郊荒野之地，洋人为什么会青睐和租用？

周振鹤：因为不能去选县城内的土地啊，城内已经没法改造了，他们只能选空地进行改造。任何地方租地都是这样，只能租空地。洋人如果租城里的土地进行改造，那么成本就太高了。租第一块地的是宝顺洋行，选址在打绳路（今九江路）那里，那个土路都是原来就有的，不是新筑的。宝顺洋行选址在此是因为，那已经是荒郊野外相对比较热闹的地方了。因为当时在打绳路外滩南侧有上海的斗鸡场，是开埠之前外滩地区乡民的聚集处，开埠之初外国人最早集中活动的地点也在此，从后来的《土地章程》可知，当时要修建四条出浦大道，除去旧打绳路（今九江路）为二丈五尺宽，其余都是二丈宽，可以推定打绳路是最为热闹且商业稍具规模之地。

文汇报：你们在对外滩开埠前和开埠初期的景观进行复原的过程中，主要借助的材料有哪些？

周振鹤：重要的是道契材料，还有一些早期的地图。最早的相关地图到底是哪张，我们起初也不清楚，日本学者对上海很感兴趣，有人发现相关的最早地图是《1849年上海外国居留地地图》（*Map of Shanghae, April 1849:Foreign Residences*）。这幅地图很简单，但却很重要，现在藏在哈佛大学图书馆，这是日本学者首先披露出来的。

顺便讲讲，媒体上常常出现"日租界"这个概念，比如，林文月讲到她"在上海的日本租界出生"、"在虹口日租界长大"等等。其实，上海根本没有过"日租界"，虹口是日本人聚居区。

文汇报：什么是道契？您是如何把道契材料的内容和景观复原联想到一起的？

周振鹤：道契的实物材料在上海市档案馆里可以查到。上海古籍出版社也已经出版了30卷《上海道契》。这些出版的道契资料并未包含全部的道契内容，只是将道契中的正契，也就是最主要的契约部分，影印出来。实物道契包含的内容要更详细，比如，道契中常常包含一些分地的附图，这部分内容《上海道契》中大多没印。

道契里面有很多重要的信息，比如某块地是什么性质的，是田地还是河浜还是坟墓，都体现在道契上。既然一份道契对应的就是一块地的信息，那么我就想，如果能把这些地块拼起来，不就可以恢复这一片区域的面貌了吗？这是初步的想法。

好几年前，一个礼拜六的晚上，我在办公室里先试着大致拼了一下。但当时只能拼出相对位置。李家的道契，会写明李家这块地的情况，比如东边是王家的地，西边是陈家的地，北边是张家的地，等等。那么我必须去把李家左邻右舍的地也作为借鉴，因为这些地块之间是构成相对位置关系的。问题在于，我只能知道地与地之间的相对位置，而地块的绝对位置没有办法落实到地图上。很多人看道契材料也是一样，可以研究上面的内容，但是无法确定具体的地图上的方位，因为道契材料并没有包括地的具体坐标信息。

文汇报：后来是如何确定出绝对位置的？

周振鹤：这就必须看换手的情况。道契不是永远在一个人手里的，因为土地会不断转租，道契会不断换手，换到后来，慢慢就有明确的信息告诉你，这块地的东边西边分别是什么路了。要在地图上实现复原，就必须落实到可靠的、有具体坐标的方位才行。这就是历史地理学的功夫。

历史学就是要复原原貌，德语的 Geschichte 即"历史本身"。而 Historie 则是我们读到的或写成的"历史"，其意思是我们复原的那个 Geschichte，就是说，Geschichte 是你没办法百分之百看到的历史，那个是历史原貌，而我们能看到的是 Historie。德国人严谨一些，所以他们有两个"历史"，一个是"写的历史"，一个是"真实的历史"，而英语中只有一个历史 history。我们就是要尽量去接近 Geschichte，但是，无论我们如何努力，写出来的还是 Historie，不可能是 Geschichte，因为总有我们无法复原的东西。

那么，历史地理学也是这样，我们就是要根据可以获得的材料，来复原原来的地理面貌。在这项研究中，我们就是根据道契材料一块一块地拼起来，最后把外滩地区开埠前和开埠初期的面貌复原出来了。

文汇报：所谓租地、道契的换手，都是在洋人之间？

周振鹤：地租给了洋人以后，洋人后续会换手。比如某个洋行租了很大一块地，又分成好几块，再转租给其他洋人。这些租地不断换手，后来地价也就越来越往上涨。

文汇报：复原过程中是否会碰到这样的情况：有些信息无论如何都找不到？

周振鹤：就上海的材料而言，有道契，还有后来和道路开辟有关的材料，基本上可以帮助我们全部复原。我拼了几个样子出来，我的学生依据这个思路，然后一块块地去复原。当然这只是原则上可行，要具体地全部地复原，那是要下很大功夫的，不是所有的材料都很清晰很有条理，而是经常要借用许多间接的材料来进行比照推断才能全部复原出来。

道契里都标明，某个分地块是属于行政区划下面哪个保、哪个图、哪个圩。比如，根据英册第一号道契记载，英商所租第八分地"坐落二十五保三图必字圩土名斗鸡场"。

这些最基层的一级一级的保、图、圩的信息，在地方志上是看不出来的，通过道契，我们就能提炼出来。道契的记载自然比地方志要详细很多，我们这次复原的是外滩这块地方，实际上有道契留存下来的地方，都是可以复原出来的。

外滩地区开埠以前的复原，主要是复原过去的田野景观，当时外滩还没有新建筑、新道路。等到上海开埠，洋人承租了这里的土地，开始修建房子。开埠初期的复原就是复原当时洋人租了哪些地，房子是如何修建，建筑是如何排列的。

1845 年到 19 世纪 70 年代这几十年开埠初期的外滩面貌的复原也是比较困难的，因为材料不够，相比于后期可以查阅的各种报纸杂志，我们可以依据的只有道契材料、早期的地图、《行名录》、《上海年鉴》等。《行名录》也不能直接用于复原景观，它是商业指南，所以只能结合其他几种材料才能复原初期面貌。到了 19 世纪八九十年代，可以使用的材料就多了，可以一间一间房子进行复原。

　　文汇报：1845 年公布的第一次《土地章程》已经划定了位于上海城外北郊的租界范围，也确定了土地"永租"的原则，这已经保障了洋人可以永久租用土地、不会被华人提出退租的权益，而且洋人和本地乡民之间事实上有了租地行为，既然如此，为何还需要有道契？

　　周振鹤：开埠了，洋人可以租地了，私下租地也已经在进行了，看上去洋人的确已经达到了目的。但是，私下租地是会发生问题的，有纠纷了怎么办呢？所以必须有官方的保证。租地的契约要由上海道核查，要加盖一个上海道的章才能生效。这就相当于让行政机构来保证双方不发生纠纷，而一旦发生纠纷，也可以由这个官方机构来解决。

纠纷包括乡民和洋人之间可能出现的纠纷，也包括洋人和洋人之间关于租地的纠纷。

文汇报：道契材料还能用来做些什么研究呢？

周振鹤：很多。比如地价多少，不同的田地，不同的坟地，价格高低不一样，非常有用。但是挖掘这些材料工作量很大，没有人愿意去花这些笨功夫。我们的外滩地区复原也只是利用了其中很少一部分信息而已。

文汇报：这么多的路、河浜、地块要反映到地图上，进行这样的复原，计算机工具和方法在其中是否起了重要作用？

周振鹤：计算机是个技术手段，是用于处理材料的。材料必须足够充分，才能使用计算机呈现出有价值的结果。材料如果不充分，计算机处理的结果也很差。很多人以为计算机可以化腐朽为神奇，那是不可能的，垃圾进去垃圾出来，神奇进去神奇出来，计算机只能在技术层面给我们帮助。

文汇报：在外滩租地的洋行是否都是来此经商的？

周振鹤： 并不是。照一般想法洋行是指做生意的机构，但是依据《行名录》(*Hong List*)的记载，洋"行"的意义是扩大了的。只要是洋人的机构都叫行，hong就是"行"的音译。所以事实上《行名录》上的"行"并不都是做生意的，比如在《行名录》中，也包括了驻沪诸外国领事馆在内。

文汇报： 外滩最早的建筑是不是英国领事馆？

周振鹤： 按照行家的考证，外滩现在留存的最老的建筑是英国总领事馆的建筑，位于外滩33号内。但现存的这个建筑是英领馆1872年再建的房子。英领馆原来的建筑最迟是在1849年7月落成的，但到了1852年，领馆又被全部推倒重新修建了。1870年英领馆还烧掉过一次，建筑和相关文件都付之一炬。1872年重新建成的官邸就是今日所见。另外，由于上海道台迟迟不肯批准，英领馆直到1867年才正式拿到了道契。

后来，外滩的所有建筑全部改建过，而且是不止一次地改建。虽然1872年的英领馆是现在外滩最老的建筑，但此处并不是外滩地区实际最早租地建房之处，若要因此说这里是"外滩源"也是不合适的。

文汇报：除了英国领事馆之外的其他房子后来都改建过？

周振鹤：对，这也是我们复原工作的另一部分。上海图书馆藏着一张老地图，上面有一幅《外滩，1849》（*Bund, 1849*）的画，是现在所见最早的反映外滩全景的画，建筑的立面和形式都体现在这张画上。如果我们只复原外滩的洋行位置、行号，就不够生动，还需要进一步立体化。外滩的建筑，从最初的面貌到现在的面貌，已经变过好几次了，我们想把最初的样子复原出来。这张画正好可以作为参考，但能复原的也只是外部面貌，纵深的样子因为材料有限，无法完全恢复。

有建筑专家将外滩的建筑总结为四期：1845—1880年为殖民地风格，称为 Veranda 式；1880—1905 年是历史主义样式，或称安妮女王样式；1900—1928 年的第三期是新古典主义样式，到 1928 年前后建成的中国银行建筑都是新古典主义风格；第四期比较短，1925—1937 年，是装饰艺术风格（Art Deco）。

1937年以后外滩基本就不再新建了，因为已经建满了风格多样的建筑。最早最普遍的是殖民地风格的外廊式建筑，我们现在立体复原的暂时只有1849年的外廊式建筑面貌。过去中国人的房屋最多建到二层，一般不会建到三层，所以看到外滩建两三层的外廊式建筑，就觉得是重楼巍阁了。而且洋人所建房子的形式也与中国传统的房屋形式不同。中国人的房子是没有天花板的，屋顶的样式是硬山顶的，可以看到檩子，看到瓦片。英国领事馆起初设在县城里，下雪天雪能从屋顶和墙壁之间的缝隙飘进来，英国人叫苦不迭，当时苏格兰植物学家罗伯特·福钧（Robert Fortune）就在游记（*Two visits to the tea countries of China and the British tea plantations in the Himalaya*，*Murray*，*1853*）里抱怨说，下雪天雪花会从窗里飘进来。洋人自己建造的洋楼四壁密封，天气热时，又有个外廊可以遮住太阳，房屋不但高而且舒适。这种房屋样式不仅上海有，在东南亚等英国殖民地也都有。

（本文原载于2015年4月24日《文汇报》）

如何理解《上海年鉴（1854）》的重要价值

文汇报：瑞典藏书家罗闻达先生的旧藏"罗氏藏书"
2010 年入藏上海图书馆，其中有一册 1854 年的《上海年
鉴》，您在以前的文章里曾简单提到过它的重要价值。能
否为我们展开谈谈这册《上海年鉴》的重要性？

周振鹤：这本《上海年鉴（1854）》是 *North China
Herald*（《北华捷报》）出版的第三本《上海年鉴》，是
相当珍贵的典籍。据高第（Henri Cordier）《汉学书目》
（*Bibliotheca Sinica*）所载，由北华捷报社出版的《上海
年鉴》有 1852 年到 1863 年（其中 1859 与 1862 两年未
见）十种，这是一个系列的书，但今天已不能得其全。其

中 1852 年与 1853 年相继出版的第一与第二本《上海年鉴》尚未在世界上的公共图书馆里查到。不过，据上海地方志办公室年鉴处沈思睿所提供的信息，2015 年 7 月 Alexander Historical Auctions 拍卖图录上却有这两册书，两书内容的分类与 1854 年版相似，各有 200 页左右，两书品相从照片看不大理想，但其珍贵性则不待言。另外，高第《汉学书目》在另一个系列中还列有 *The Shanghae Almanack and Directory, for the year 1856*，出版人为 J.H.de Carvalho。

既然这一本《上海年鉴》如此珍稀，故值得我们认真研究。中国 19 世纪以前没有近代意义上的新闻业，对于近代社会，尤其是开埠城市的变化，起初只能从西方人所创办的报纸中获得材料，后来进一步还可从城市年鉴中去观察。但实际上，直到现在，利用 19 世纪中期以来的城市年鉴来研究中国近代化进程的论著也并不多见。其实，从最先出版的城市年鉴——《香港年鉴》来看，其所登载的内容不但可以反映当时香港一地的概貌，还可以看出鸦片战争后，中国沿海各通商口岸的商行、外侨的简况。而对于开埠以后的上海面貌的逐年变化，连续出版的《上海年鉴》无疑是极其有用的史料。

文汇报：查《现代汉语词典》，"年鉴"条目释义为：汇集截至出版年为止（着重最近一年）的各方面或某一方面的情况、统计等资料的工具书，一般逐年出版，如世界年鉴、经济年鉴。请问《上海年鉴》是否也是这个意义上的"年鉴"？

周振鹤：近代年鉴是西方文化的产物，在中国，20世纪以前没有与之相称的连续出版物。《上海年鉴（1854）》的英文名是 *Shanghae Almanac for 1854，and Miscellany*，此书在 19 世纪出版时，如果有人立即将其译成中文，是绝不可能用到"年鉴"一语的，因为中文"年鉴"这个词在中国要到 19、20 世纪之交才出现。

《上海年鉴（1854）》全书分为两部分，后面一部分是"文录"（Miscellany），前面的主体部分是"年鉴"，即Almanac。书名 Shanghae 的拼法与今天的 Shanghai 略有差异，前者更接近上海的本地发音，出到第六本时就改为 Shanghai 了，不过据高第《汉学书目》与 2015 年某拍卖行的照片，1852 年的第一本也是用 Shanghai 的拼法。

《上海年鉴（1854）》一书的"年鉴"是从 almanac 翻译过来的。那么，almanac 又是什么呢？这个词在现代的英汉词典里有"历书"与"年鉴"两个义项，所以此书到底译成"上海历书"还是"上海年鉴"呢？说来就话长一些。其实在西方，almanac 本来也是一种每年行世的历书，其中载有气候预测、农民的耕作时序、潮水信息以及与日历顺序相关的表格形态的信息。所以在马礼逊编纂的历史上第一本英汉词典中，almanac（也可以拼作 almanack 及 almanach）一词仅被译为"通书"（即历书），并无今天"年鉴"这个义项。以后百余年相继出版的英汉词典，均只有"历书"这个译法。但是到 20 世纪三四十年代的英汉词典，如《英汉四用词典》，在保留"历书"的同时开始出现"年鉴"的译义，以作为第二个义项。此后一直到 2015 年商务印书馆的《新英汉词典》都是这两个译义并存。但也有例外，1989 年梁实秋所编《袖珍远东英汉汉英辞典》中，"年鉴"已上升为第一个义项。不过梁实秋的《远东英汉大辞典》第一版对该词的释义仍是"历书"在前、"年鉴"在后，可见编者的认识是有变化的。既然英汉词典以"年鉴"与"历书"并列为 almanac 一词的译语，尤其已有词典将"年鉴"置于"历书"之前，说明编者已经注意到almanac 这个词在西文世界的许多场合其实是当"年鉴"用的，而远不止是"历书"的对译。或许马礼逊当时已知道这个词有年鉴这层意思，但很可能因为当时中国没有西方意义上年鉴这种形态的出版物，所以他只能取通书这个义项。当然，在西文里，almanac 的原义也的确是历书，但到后来却发展为兼有年鉴的意义。

在西方，almanac 作为"年鉴"而不是作为"历书"的含义，可举些代表性的例子。比如 *Almanach de Gotha*，可译作《哥达年鉴》，是 1763—1944 年（后来 1998 年又恢复出版）逐年出版的关于欧洲王室、贵族的资讯，与一般的历书并无关系。在美国一直到今天还有每年一册的 *The World Almanac and Book of Facts* 这样的书出版。该系列的书从 1886 年开始，到现在已连续出版 130 多个年头了。这当然也是年鉴类的书，其中并无历书常有的那些基本内容。

如果论到历书的起源，在中国这样历史悠久的国家，是可以推至久远的上古年代的。中古时代以后，历书例由皇家颁行。据考证，至迟到晚唐便有印刷的历书出现。而

这本 *Shanghae Almanac，for 1854，and Miscellany*，从内容看，里面有许多超出历书范围的信息，所以显然译作"年鉴"合适一些。

不过话又说回来，虽然我们尽可能地在分析 almanac 实际上包含了历书以外的内容，故应译为"年鉴"比较适，但在实际应用上并没有非常严格的界限。照理说，本书书名既称 *Shanghae Almanac for 1854，and Miscellany*，那么在目录页中应该并列的是 Almanac 与 Miscellany 两部分的细目。但实际上并列的却是 Kalendar（历书、日历，即 calendar）与 Miscellany 两部分。或者因为编者心目中年历是该书的核心部分，也就不在乎这里的 Kalendar 与 Almanac 似乎是等值的关系了。

文汇报：前面您提到中文"年鉴"这个词在中国要到 19、20 世纪之交才出现，能否谈谈中文"年鉴"这个词出现的大致过程？

周振鹤：虽然在《上海年鉴》的这个场合里，我们用"年鉴"来对译 almanac 一词，但在中文里，"年鉴"一语的英语词来源却是 yearbook（或作 year book），而不是

almanac。这是一个有点缠夹的问题。yearbook 这个词出现甚晚，这种出版物起先是由学校刊行的，反映该校每年最重要的事件。后来推广开来，用于登载各种机构（包括国家、城市、各行政单位）依年度变化的统计材料。这种形式的书后来也传播到东方，最先在日本出现，日本人将 yearbook 译为"年鉴"一词，成为一种每年出版的连续出版物，其中以统计数字为主。这类年鉴在 19、20 世纪得到大的发展，成为综合性的年鉴，包括统计数字以外的其他多项内容。

Year Book 这样的书在中国也早就被注意到，杨勋所著《英字指南》一书成于光绪五年（1879 年），在该书的第五卷《破体辑要》（"破体"一词，在今天即为简写、略称的意思）一节中，说明 Yr. Bk. 为 Year Book 的简写，并将其译作"每年之书"。显见作者已经知道 Year Book 是什么形式的书，但苦于想不出一个新词来对译。但到了 20 世纪初，该书扩充为《增广英字指南》后，第五卷中的《破体辑要》一节就将其译作"每年之书，年鉴"了。这是目前能看到的英汉词典性质的书里最早的 year book 与"年鉴"的对译出处。《增广英字指南》无出版日期，该书第

249

六卷所载书信样板，最晚署"1901.4.6"，出书当在此后，故推测是在 1901 年以后出版。

而在实际使用中，现在已知的中文文献的最早出处是光绪二十五年五月十一日（1899 年 6 月 18 日）在日本横滨出版之《清议报》第十八册。该册《外论汇译》中有译自 6 月 1 日《大阪每日报》所载大隈重信在神户华商会馆的演说，其中有云："观本年所印行《英国政治年鉴》，其变化实多。"此中之《英国政治年鉴》一语显然是译者直接取自《大阪每日报》的原文。幕末明治时期的日本学者，汉学水平较高，大量使用汉字转译当时蜂拥而来的西洋新事物新概念，或用汉语原有之旧词赋以新义（如"封建"一词），或以汉字拼写成新词（如"哲学"一语），不似昭和年代以后对外来语简单地用片假名予以音译。因此，至迟在明治九年（1876 年），日本就有题名《万国年鉴》的书出现。此书是日本政府机构统计寮对英国人 Frederick Martin 所编 *The Statesman's Year-Book* 一书的翻译。有趣的是，日本所译《万国年鉴》竟然是用汉文而不是日文写的序言，且未标出所据译的原年鉴与原作者的英文名，而写成"此书英国弗勒德力马丁氏之所著，原题曰士迭门斯

250

伊耳伯克"，一味用汉字音译了。若复原其译音，可知此英文原版书当即 Fredrick Martin 所编著之 *The Statesman's Year-Book*。英文原版自 1863 年出版第一种后，一直到 2015 年仍在继续出版。日本自编的本国统计年鉴也于明治十五年（1882 年）开始出版，以后每年一回，依次称日本帝国第二、第三统计年鉴云云。"年鉴"一词显见是日本人的首创，到中文文献的直接借用，已经时隔二十来年了。

文汇报：以上您讨论了中文中"年鉴"一词在中文文献中出现的情况。那么，中国有近代"年鉴"一类出版物出现是在什么时候？

周振鹤：中国出现与上述年鉴相似的一类出版物，据今所知，则迟至 1909 年始。这一年奉天（今沈阳）学务公所图书科科员谢荫昌，受奉天提学司使卢靖之嘱，于当年七月编译出版了《新译世界统计年鉴》。此书是根据日本统计局局长伊东祐毅明治三十九年（1906 年）所编《世界统计年鉴》一书的"世界之部"辑译而成。"年鉴"一词见于中国书名似始于此。此后至 1911 年，卢靖又先后组织编译出版了《最新世界统计年鉴》《世界教育统计年鉴》和《欧美教育统计年鉴》三种。年鉴类书籍自此在中国流行起来。这些书名里的"年鉴"一词显然也是该书编者直接从日本搬来的。

在中国传世文献中，也可发现《崇文总目》与《宋史·艺文志》等典籍有"年鉴"一卷，此书具体内容不知，但从分类上看，该书属于术数类中的五行类书，与历书阴阳择日一类书相近，而与今天的含义完全无关。据载有《年历》一书的《通志·艺文略》阴阳类目录里，还有《选日阴阳月鉴》这样的书。既有"年鉴"还有"月鉴"，名为"月鉴"之书的全名前面还有"选日阴阳"之字样，足见年鉴是更大范围里（即一年之内）的"选日"之书了。料与古代的"日书"同属一类，先秦至西汉的日书至今出土多种，让我们看到当时人的选日思维，可惜中古世界的"月鉴""年鉴"这样的书如今已不见踪影了。

如果真是这样，历史倒有点诡异，西方的 almanac 从历书类扩展演化为今天的年鉴类书，而中国的"年鉴"一词，也从某一本与历书同类之书的专名诡异地变成今天年鉴类书的通称，东西殊途同归之例竟有如此之巧合？不能不令人称奇。至于当年日本学者是直接搬用中国古代已有的"年鉴"一词来对译 year book，赋予其新义，还是用汉字的"年"与"鉴"拼成一个新词，则有待进一步的研究。

文汇报：Yearbook 一词除了用"年鉴"来对译，还有没有别的义项？

周振鹤：光绪二十八年（1902 年）商务印书馆出版的《华英字典》中就有 yearbook 一词了，当时是译为"年报"。民国五年（1916 年）商务《英华新字汇》此词也译为"年报"，另译"（英法）裁判年报"。Yearbook 一词在《大英百科全书》中一直未单独立项，只是词典有其释义而已。在最近一版（第十五版）《大英百科全书》中，在 Legal System 词条下有一个细目 Inns of court and the year books 说明了 yearbook 与法院裁判的历史关系。所以早期英汉词典有将 yearbook 译为"（裁判）年报"的，就是这个道理。

直到中华书局 1918 年《英华合解词典》始有"年报"与"年鉴"并列的译法，而"年报"仍在前。可见"年鉴"一词的使用当时还处于初期。

文汇报：我们再回到《上海年鉴（1854）》的讨论。这是在什么历史背景下出现的？

周振鹤：这要再回到 almanac 一词的"年鉴"与"历书"两重意思。almanac 既然兼有这两义，就必定与某一文化或某一地域相关联。因为不同文化与不同地方的历书内容是有差异的。历法、气候、农时不一，年中行事也就不一。所以不同的地方应该出版不同的历书（Almanac），这是很正常的。在传统中国，历代政府有统一颁布的历书，在清代这样的历书称为时宪历，民间习称通书（广东人忌讳"书"与"输"同音，遂称通胜）。各地出版的历书的核心内容，即日历部分都是统一的。但民间的历书除了日历部分，还要登载有关农事的其他信息，以及不同时日的各种适宜或不宜的行为，甚至各种生活常识。而单个城市出版自己特别的历书或年鉴，在鸦片战争以前的中国似不曾与闻。目前所知的中国第一种城市历书，或曰年鉴，是香港出版于 1846 年的 *The Hongkong Almanack and Directory for 1846*。显见这是西方殖民者带来的新型著述，但是此时香港割让给英国已经数年了。

中国内地的第一本城市年鉴应该是开头提到过的

上海出版于 1852 年的 *Shanghai Almanac for 1852, and Commercial Guide*。该书由北华捷报社出版，离《北华捷报》的创刊不过一年多。这种城市年鉴应该是五口通商以后才引进到中国。

虽然西方殖民者早就到了广州，而且在 1827 年以后也在广州相继创办了 *Canton Register* 等英文报纸，却未出版过《广州年鉴》这样一类书，恐怕原因在于当时广州实行的还是公行制度，不是近代性质的自由贸易形式，也没有正式开埠以后出现的许多洋行（这些洋行与过去旧式的十三行形式不同），更没有常住的外国侨民（开埠前西洋人必须定居于澳门，只是在贸易季节才到广州），所以没有出版供洋人阅读的年鉴的必要。而五口通商之后十来年，中国的外贸中心已从广州转移到上海，西文的《广州年鉴》也就没有出现的基础了。

与此同时，香港割让给英国以后，大量侨民来到该地，开设商业机构，《香港年鉴》就有出版的需求了。不清楚《香港年鉴》连续出版了多少年，看高第《汉学书目》，只有 1846 年与 1849 年两种，其实香港大学还藏有同名年鉴 1848 年一种，由该版年鉴序言可知 1847 年也出过一册

《香港年鉴》，但原书迄今未见。我们常常感叹古代文献散佚的遗憾，其实近代文献散佚也很严重，必须倍加珍惜。

文汇报：我们可以从《上海年鉴》中获得哪些具体信息？

周振鹤：对比《香港年鉴》与《上海年鉴》，可以看出两种年鉴大概是一个模式，都分成两个部分，一部分是 Calendar（或拼作 Kalendar，历书），另一部分是 Directory（指南），或 Miscellany（文录）。在 Kalendar 部分，核心就是月历（monthly kalendar）及空白的备忘录（memoranda）。再加上气象记录，日月食预报，外侨名单、行名录（这部分内容有时也可以放在 directory，即指南里），斤两钱币换算表之类。"文录"则内容宽泛，有与中国当时经商环境有关的各种材料，还有关于中国的历史文化知识，等等（就《上海年鉴》的情况而言，"文录"里的文章多是上一年在《北华捷报》上刊登过的一些文章的汇录）。应该说，出版在后的《上海年鉴》是仿照了《香港年鉴》来编辑的，但内容又有所变化，并且更加充实。

要跟中国人做生意，就要先了解中国人的作息制度，一直到今天，世界各地也都必须知道中国传统的新年——春节是在公历的什么时候，过去更是必须有此信息。西方采用的是阳历，纪年则以传说的耶稣生年为始。而中国所采用的历法是阴阳合历，纪年以皇帝在位元年为始，但西方人也注意到中国有以传说中的黄帝为始的纪年。所以，在华的西方人编制历书，其基本框架就是中西历的并存对照。《香港年鉴》于这一点尤为详细，将中历月日列在前，西历列在后。《上海年鉴》则以西历为主，每西历月份一页，每日一横行。中历不列月份，只列日，而在日历说明栏中注明中历每月初一是何日为始。

文汇报：所以，近代西方人最早是通过《香港年鉴》来了解中国的历法、气候、作息、历史文化等各个方面的吗？

周振鹤：《香港年鉴》以前还有《英华历书》（*Anglo-Chinese Kalendar*）。据第一位来华新教传教士马礼逊说，米怜（William Milne）曾设想过编辑英文—中文—马来文历书，不过未能实现。一直到十多年后，才由马礼逊自己编辑，并由东印度公司出版社在澳门出版了头一部《英华历书》（*Anglo-Chinese Kalendar and Register，1832：with a Companion*，或可简译为《1832 年英华历书及记录，并附指南》。所以这其实也是一本带有年鉴性质的历书。18、19 世纪的西方书名都很长，这本历书也不例外，基督纪元 1832 年，即中国六十年甲子的第二十九年（壬辰年），该年始于 1832 年 2 月 2 日。两年多之后，在 1834 年 5 月的一期 *Chinese Repository*（《中国丛报》）已经提到，由于 1832 年《英华历书》印数极少，现在已经一本也看不到了。不过只要是印本，总归还有存世的可能，所以我们很幸运，在网络时代，还是能看到该书的电子版。

第一本《英华历书》相对简单，但也有七部分内容：对历书的基本介绍，1832 年年历，公众节日（华人与穆斯林），中国的六十甲子，中国的编年体，中国王朝表，中国本朝皇帝年号列表。该历书的编排方式与《香港年鉴》《上海年鉴》不同，后两者是每月一表，将中西历一起编排。而该书是中西历分页，先是西历一页，接着是华历与回历并列另起一页。而这两种月历均详细记载中西节日内容，远比香港与上海《年鉴》所记节日详细。两页月历之后则是两页空白备忘页，每半月一页。显然《上海年鉴》继承了这一做法，不过将两页备忘录合为一页（《香港年鉴》则无备忘录页）。《英华历书》恐怕一直连续出到1855年之后。据高第《汉学书目》，1834、1835年版是在广州印的。今天还能见到的1845年与1847年版均由中国丛报社印刷，然前者印于香港，后者则印于广州。这两本年鉴目前由电子版可看到的只是部分内容。大概是电子版制作者以为其中的月历部分于今没有什么用处，故舍而不录。好在1845年版的《英华历书》因为采取对页扫描的缘故，保存了12月份的月历，让我们知道《上海年鉴》的月历编排与之有相似之处，也知道该历书没有备忘录页的存在。由1845年《英华历书》电子版中仅见的12月份月历，可以发现《上海年鉴》月历中的中西历排日方式完全与之相同。或许编纂《上海年鉴》时也参考过《英华历书》？不过两者在12月的记事则有差异，前者所记多是英国等西方国家在华贸易传教受挫的记录，后者记的则是天象、纪念日以及中国本身的事件。态度平和了许多，已向相对纯粹的商业活动靠拢。

文汇报：年鉴（历书）的编撰是否主要是为了满足西

方人来中国经商的需要?

周振鹤:《上海年鉴》是商业性质的年鉴，或可称作商用年鉴。其实为了传教的需要，基督教新教传教士也在中国编辑了其他许多形形色色的 almanac，不过这些 almanac 一般译为通书，而不是年鉴。商业性质的年鉴和传教士的通书二者英文相同，都是 almanac。

传教士通书按年代顺序有 *Anglo-Chinese Concord Almanac*（《华英和合通书》），该系列通书的第一种 1843 年出版于香港，一直出至 1865 年。实际上，从第二年起即改为《华番和合通书》，起初为波乃耶（Dyer Ball）编辑，1854 年以后由花琏治（Mr. French）接手，书名又改为《和合通书》（*Concord Almanac*）；1859、1860 年重新由波乃耶编辑。此后由富文牧师（Rev.D.Vrooman）接手，1861 年又更名为《唐番和合通书》，一直出至 1865 年。

在《香港年鉴》前后还有在宁波出版的《平安通书》（*Peace Almanac*），从 1850 年出到 1853 年。1851 年玛高温（Daniel Macgowan）也在宁波出过一种《博物通书》（*Philosophical Almanac*）。1852—1861 年艾约瑟（Joseph Edkins）则在上海出版了 *Chinese and Foreign Concord*

Almanac（首期称《华洋和合通书》，次年起称《中西通书》）。其中 1859—1860 两年，艾氏回国时由伟烈亚力接办，称 *Chinese Western Almanac*。1862 年停刊。1863 年在天津复刊，其后两年则在北京出版。天津版与北京版页数大大缩水。

1856 年上海还出版过以《平安通书》为模式的《中外通书》（*Chinese Foreign Almanac*）。这本通书，除日历部分以外，基本上是一份基督教宣传品。1857 年在福州出版有《西洋中华通书》（*European Chinese Almanac*）。称作 Calendar 的则有 1850 年出版于上海的《安息日期》（*Sabbath Calendar*），仅一个单页。翌年香港则出版过理雅各（James Legge）编辑的只有九页的《英华通书》（*Anglo-Chinese Calendar*）。

文汇报：从这些年鉴或年鉴性质的书来看，西方人到中国来，对哪些方面的信息最关心、最感兴趣？西方人对中国的关注又有哪些变化？

周振鹤：气候资料是西方人最注意的地理资料之一，本来这项资料就与人类生存及农工商业活动紧密相关。在古代中国，物候的观察比较发达，而气候的预测则相对后进。西方在 17 世纪上半叶陆续出现现代的观测仪器，18 世纪起气象台站网逐步发展形成，开始积累气象资料。因此早在 1793 年马戛尔尼使团来华之时就对中国的气候情况有所调查。加之中国的夏天全国高温，东南沿海溽热难当，而且灾害性天气较多，汛期明显，西洋人，尤其习惯于地中海型气候者特别难以适应，测量气温雨量气压等气象工作很受重视。1827 年第一份在中国出版的英文报纸《广州纪录报》(*Canton Register*，或译《广东记事报》) 就登载了西人在广州实测的气象资料。《香港年鉴》头一页就是澳门、广州、香港三地每月的平均气温记录。《上海年鉴》也有详细的气象记录。我们常常以为中国科学的气象观测是 1872 年从上海徐家汇观象台开始，其实要仔细追溯，恐怕得以广州的观测为起点。对于日月食的预报的准确更是显示了西方天文学的先进性，所以《英华历书》《香港年鉴》《上海年鉴》都有此项内容。气候之外，港口的潮水涨落也是重要观测对象，因为与商船的出入港关系密切，因此各通商港口的潮水涨落记录也是年鉴的内容之一。

至于外侨与洋行的名录，各国在通商口岸的外交商务机构，自然更是年鉴（历书）所不能缺少的内容。以上这些信息组成了年鉴的主要内容。然后，再附加上如Commercial Guide、Directory、Miscellany之类内容，就组成一本扩展版的年鉴了。《香港年鉴》与《上海年鉴》都是这种类型的年鉴。从附加内容的变迁我们也可以看出这种城市年鉴的关心范围越来越宽泛。从与商务有关的信息，直到对中国国内政治形势的关心（对中国正在发生的时事的报道与分析，对《京报》与地方官员布告的翻译），甚至对中国传统文化的理解，以及学习通商口岸方言的兴趣，这种兴趣甚至提升到对方言的科学性研究，即不但科学地记录中国各地方言的实态，而且比较方言之间以及方言与通用语即官话之间的差异。

文汇报：现在我们要了解上海开埠以来的历史，还有哪些外文文献是需要特别注意的？

周振鹤：上海被迫开埠以后，首先是英法两国侨民涌入，随后美国人也跟着到来，再后来，德语国家与其他欧洲国家人员接踵而至。最后日本人在19、20世纪之际也夤缘挤入。因此，为了外侨，尤其是英美及法国人来沪经商、传教以及从事外交工作的人员服务的需要，出版了许多西文报纸杂志书籍，租界当局与西人管理的海关形成大量西文档案、会议记录与年刊。另有数量不少的日文文献，所有这些海量外文文献都应该得到重视，现在许多学者也正在开发利用，但距全面的利用还有相当的距离。比如这本《上海年鉴（1854）》过去就为学界所不知。穷尽史料是研究历史的前提，所谓"动手动脚找东西"就是这个意思。希望以此年鉴的重印为契机，将有关历史资料的开发以及上海城市近代化过程的研究再往纵深推进一步。最近罗氏藏书第二批已经入藏上海图书馆，我们也期待会对上海关系史料有新的发现。

（本文原载于 2016 年 6 月 24 日《文汇报》）

做学术研究，有时像解数学方程

文汇读书周报： 在中国历史上，行政区划具有无可置疑的重要性。而直到今天，行政区划还在规范制约着国家与地方的政治生活与经济生活。作为我国第一部研究行政区划体系历史变迁全过程的学术著作，您可否说一下它的基本学术意义？编写这套通史的缘由是什么？

周振鹤： 行政区划的变迁从来就是中国历史记叙的重要内容，在中国尤其有连续不断的关于行政区划的丰富历史记载，所以才有做这部通史的一个最重要的基础。我们对于行政区划的历史记载真的是我们文化自信的一部分内涵。世界各国的历史都没有这样详细的原始记载。同时，行政区划也是中国历史研究的一个重要领域，自从清中期以来更是形成一项专门的学问，像钱大昕就是这方面的卓越学者，花很多功夫，解决了很多重要问题。

20 世纪 80 年代，我的导师谭其骧先生主编的《中国历史地图集》出版，不但是建国以来社会科学领域两项标志性的成果之一，而且是通代的历史疆域政区地理研究的最高端成果。谭先生晚年在《中国历史地图集》之后出了一本《简明中国历史地图集》，而在其中所附的四万字图说，是谭先生对于中国历代疆域政区变迁的简要阐述，是他对于《中国行政区划通史》最科学、最精心的结晶，《图说》对每一个朝代有一个钩玄提要的说明，是当时第一流的成果。假如天假以年，谭先生本来还应该写一部《行政区划通史》。

行政区划史的研究在以《中国历史地图集》为代表的图集出现以后开始慢慢发生变化，更全面而且更深化了。大家注意到，《中国历史地图集》一个图幅只表示一个朝代内某一个年限的政区，而不能反映整个朝代的政区面貌。马王堆汉墓出土后引起很大的轰动，就有人写文章考证西汉长沙国的范围，但都是以《汉书·地理志》所载的13 县为说，却不知道该汉墓营造时的长沙国实际上比《地理志》所载要大了一倍有余。我们已经认识到，《中国历史地图集》讲的都是朝代之间的变化，还没有反映出中国行政区划变迁的全貌。所以我写《西汉政区地理》这一博士论文，想要研究西汉一代 200 年的政区变迁史时，谭先生给我很大的鼓励。这篇论文做成以后，我认为，以中国这么丰富的历史资料，如加以详细考证，应该可以把朝代内部的行政区划变化也做出来。所以我们就决定写《中国行政区划通史》，这个由头就是这样来的。不过，想是一回事，做又是另外一回事了。

文汇读书周报：《中国行政区划通史》面世后，很多学者评价它是一部重要的学术著作，有经世之用，但也有人质疑这样的书能解决什么具体问题呢，似乎一两千年前的政区面貌对今天的社会建议并没有什么意义。对此您怎么看？

周振鹤：首先要说明的是，我们不是为了"有什么用"来写这部书，我们是为了学术研究来写这部书。我跟学生说，你们要读一些"无用"的书，庄子两千多年前就说过，无用之用，是为大用。

其实纯学术研究甚至不是无用之用，因为无用之用强调的重点还是在用；而做学术研究，我只是要求真存实，就是要知道历史真相到底是什么，其他的不管。历史首先要追求的是"信"，而不是"用"。我认为，求真存实，比经世致用还要重要。

当然，这套书其实仍然是有经世之用的，而且有大用。这是因为，我们改朝换代，其他的东西可以打破，但任何一代的行政区划必须在前代的行政区划基础上进行，不能完全重建一套。这是历史最奇怪的地方。王莽想重新弄一套全新的行政区划（其实还是在西汉的基础上改造的），结果他的改造完全失败，东汉又重新来过，在西汉的基础上进行调整。历代的行政区划是怎么来的，自有他的道理。

中国文化是一个连续性的发展，所有的制度关键在于"损益"。"损"就是去掉，"益"就是加上。孔子的学生子张问他，十世可知焉？十代以后的事我们能否知道？孔子说："殷因以夏礼，所损益可知也；周因以殷礼，所损益可知也；其或继周者，虽百世，可知也。"意思是，殷、周都是把前朝的制度加以损益，而不是完全重建一套。一世是三十年，百世就是三千年，也就是说孔子自称能预见到我们现在会怎么样。"损益"在中国文化上是很重要的概念，意义重大。损益也可以叫作沿革，沿是不变，革就是变。所以过去历史地理的前身叫作沿革地理。

文汇读书周报：有学者提出预见，说今后中国地理将有大的行政区划变化。等到中国进行大规模的行政区划改革时，人们就会想起这部书了。

周振鹤：按中国经济的发展来看，未来中国的行政区划将会有大的变化。但行政区划又不能凭空变化，再大的改变，也要在原有的行政区划基础上改变。我们曾经想成立一个三峡省，以宜昌为省会，挂了牌了，但没做成。因为要建立这样一个省份，就要把湖北划一点，把四川划一点，建起来不容易。再比如我们解放初曾以河南新乡为中心，在那一带建立一个平原省，也确实建了，但不久又废掉。所以建一个新省是不容易的，因为这牵涉各种政治方面的权力、利益再分配。新中国成立后，建新省成功的只有一个宁夏回族自治区，一个海南省，再加上重庆直辖市。但行政区划里的民族自治区应该怎么样做才好，是很大的问题。重庆市是建成了，但其实重庆建的不是一个市，而是分省。在西方国家比如美国，行政区划一旦划定就不变了，因为他们的经济发展不受政区划定的影响。但中国是政府主导型经济，与行政区划密切相关。20世纪50年代以来，我们每年都在或多或少地改变行政区划，所以我们现在每年都要给民政局出一本中国行政区划简册。

可以肯定的是，如果中国的经济发生翻天覆地的变化，政区也会发生变化，因为政区变化要适应经济的发展，但又必须在之前的行政区划基础上变化。在这种情况下，这套通史就会有重大的作用，人们会更重视此书。其实，我研究行政区划，不是强调行政区划的重要性，相反，是希望在经济上打破行政区划的封闭性，建立跨行政区划，甚至应该无视行政区划的经济圈。我巴不得这个行政区划不起作用，只有这样，我们的经济才能腾飞。按经济规律去发展，这一点可能出乎很多人意料。

文汇读书周报：您主编的这套通史，经历了十年的策划，而出版的过程战线又拉得很长，从第一部总论出版开始到各朝代的分卷陆续出全，又花了十年，以致这套13卷的通史全部出齐后，又在2017年12月推出了全书的修订版。前后二十年的投入与努力，在我国当代学术史上实属罕见，非常了不起。听说有学者感叹，在今天的高校学术界，要想再集结起这样一批全国顶尖学者，花二十年时间共同投入一个研究项目，可能是"后无来者"了。能否说说您在这个过程中的滋味？

周振鹤：我就是尽了我最大的努力来完成这个事。确实，这么大的学术工程，放在现在的高校可能很难完成，毕竟要请这么多学者，花这么长时间，集中力量去做一个项目，非常不容易。谭先生在世时，毛泽东想看中国疆域政区历代变迁的地图，周恩来就让谭先生编《中国历史地图集》，本以为三四年能完成，但谭先生很认真，觉得不能只是把老的杨守敬《历代舆地图》改一下就行了，要重起炉灶，结果这项研究他一做就是二十年。《中国历史地图集》的编撰是当时中央的意图，举全国之力，调集一批人，给相当长的一段时间，而且当时没有业绩考核，不然像现在，一个学者要是几十年做一件事，那就完蛋了，教授也升不上去。当年的经费也不限，《中国历史地图集》做过八开本，也做过单页盒装，堪称豪华。谭先生当年编《中国历史地图集》有行政支持，我们现在没有，只能是一批志同道合的人进行协作。当然这套书也是立了自然科学的项，立了全国社科的项，名誉上对参与者是有点鼓励，但当时的经费是不多的。

主编的过程当然有不少故事。像李昌宪先生写《宋西夏卷》，很早就交稿了。《民国卷》也很早就交稿。当然有的朝代比较复杂，会稍慢一些，这也是正常的。如果没有像这样一批学者支持，我们是做不成的。有时候参与的学者也会叫苦，因为本身都还有其他科研任务。有问题我就和他们互相商量着解决。中间有几位学者因研究上耗费精力太多而放缓交稿，后来有年轻学者参加进来救场。因为这个通史如果少一卷，它就出不来了。总算是在去年年底各卷都完成交稿，今年全部出齐，心里是比较欣慰的。此外，各卷要力求保持框架的基本一致以及风格的大致统一也是很不容易的。作为这套丛书的组织者，我要衷心感谢诸位学者同仁的合作与支持，没有大家的学术奉献精神，这部书是不可能顺利完成的。当然也要感谢出版社的支持与责任编辑极其负责的精神。

文汇读书周报：这套通史完成后，对您的个人学术生涯有何意义？

周振鹤：这是历史上第一部各朝代接续的，但又是每个朝代详尽的断代历史地理研究著作，过去从未有过类似的总结性、整体性的著述。我在《总论》里，把历史行政区划变迁的基本规律作了一些总结，行政区划的结构实质如何，层级与边界有什么基本变迁规律，以及一些理论基础等问题，都尝试写下来，另外厘定了行政区划研究的一些基本术语。

　　我从上世纪 90 年代开始一直思考这些问题。比如"政区地理"这四字的术语可以算是我用开来的，断代的政区地理研究算是从我的博士论文《西汉政区地理》起步的。再比如管县的那一级政区叫"统县政区"，这个名词算是我发明的。因为秦时管县的政区叫郡，有人就把它叫郡级政区，但隋唐时管县的政区叫府，怎么办呢，叫府级政区？不一致。还有的人想了个办法，叫一级政区、二级政区，这也不行，因为各朝代的行政级数不一样，容易混淆起来。秦时只有两级政区，郡以下就是县，而到了宋代是路—州—县三级，明代就是三四级政区混合，所以称一级、二级、三级政区这个办法不行。1990 年我写《体国经野之道》时，想了很久才想出"统县政区"这个名词，"统县政区"

上面叫"高层政区"。因为中国政区变化再复杂，都可以分成三层，最上面一层就称高层政区。我这个想法提出来后，几乎所有的学者都在使用，在这之前这些术语学界并没有一个统一的称呼。

文汇读书周报：您曾说过，复原历代行政区划变迁全过程的关键问题是史料的不足，能否举例？如何克服？

周振鹤：资料方面，传世文献倒不难弄，有多少即多少，但比较分散。年代越到后来越分散，所以要有办法找到所谓有用的材料。历代正史的地理志相当复杂，必须详细解剖分析。对于地理志以外的与地理相关的史料则要善于发现、抽绎、整合、条理与规范。材料不足时还要适当应用逻辑推理来弥缝历史链条的断裂。早期的材料很有限，就要注意考古的东西，用出土文献来弥补传世文献之不足。但眼下，出土文献的公布不是掌握在我们手里，所以一有出土文献出来我们就修订，小修订问题不大，如有大修订，要再出一版。有新的出土文献出来，我当然很兴奋，因为这样就越来越接近事实。搞历史的人，有新史料出来都是兴奋点。

司马迁写《史记》，对秦朝如何划分全国行政区划，就一句：秦"分天下以为三十六郡"。后来到清中期大家开始知道，秦统一天下时设 36 郡，后来有所增加，有 40 郡等说法，再后来王国维提出秦最后有 48 郡。我曾跟谭先生提过，王国维提出 48 郡之说，就单个郡名讲不一定准确，但总数 48 郡是有可能的。谭先生过去认为，实际上有多少郡就多少郡，不必非说 48 郡。但后来谭先生在《简明中国历史地图集》的"图说"中修正了他的观念。一般人不注意这个学术细节，引用谭说还是用他在《秦郡新考》里的结论。秦从统一天下到灭亡时，是如何从 36 郡变成 48 郡？中间过程到底如何？我们不知道，材料不够。司马迁写《史记》，对地理不关心，对人事关心，写传记写得像剧本一样，很了不起。对政区他就写一句"分天下以为三十六郡"，至于这 36 郡是哪些，如何分布，则不及一语，以至后世学者为了复原秦郡面貌而长期聚讼纷纭。等差不多确定了这些郡名，结果里耶秦简一出土，竟出现了洞庭郡、苍梧郡这两个我们过去从来不知道的郡，于是不得不重新考证整个秦郡的体系。

有时候，行政区划历史变迁的研究，好似智力上的挑战和思维上的游戏，全然像在解数学题，有时真像在解联立方程。光是一元方程解决不了，因为未知数不止一个。

文汇读书周报：参与这套通史编著的学者都发扬了学术研究中的"工匠精神"，力求把各自领域的研究做到极致，所以这套通史可以说代表了目前中国历史政区地理研究中的最高水平？

周振鹤：断代政区地理要做到极致，我们确实做到了。我们的原则是能做多细做多细。留下尽可能详细的研究成果，而不管它是否烦琐。所谓烦琐，就是将颊上三毫都体现出来了，这样更像历史的本来面目。过于烦琐的部分并不一定要大众理解，而是要让专门家利用，并留下一份说明研究者智慧的记录。今后的学人可以补充，可以纠正，甚至可以重写，但这部通史却是轻易绕不过去的一块砖头。

我用"横看成岭侧成峰"来形容这套通史：整体看是一片连绵山岭，单独看，每个朝代都是一个个的山峰；每一本就是一个断代政区地理，连起来就是一套《中国行政区划通史》。其中，李晓杰撰写的《五代十国卷》特别厚，尽量把每一年的变迁都整理出来，细针密缕，仅仅五十年的史事，他用了五十万字。还有余蔚的《辽金卷》也很不容易。辽是最难写的一个朝代，史料几乎只有一点点。有人说，为什么有的朝代延续两三百年你只写一点点，五代才五十年你写这么厚。这有两个原因，一是动乱时代行政区划变动得多，统一时代有时候变化反而少。再一个原因，是越到后期的著作，汲取前期的研究成果越多，做的自然也就越详细。

我要深深感谢这套书的所有参与者，都以艰苦的考证研究为己任，行不由径——要走大路，从不企望走捷径。因为走捷径有时候就会出毛病。我们就是每一步的考证、每一句话的写作、每一章节的分布安排都要有根据。

这套书不能说永远是最好的水平，但是在目前还是达到了一定水平的。我们希望这个研究一直做下去，让《中国行政区划通史》能够得到改进和提高。随着地下考古文献不断出现，我们必定还有改进的余地，这种学术不是一蹴而就的。好多学者在书出版以后还不断研究不断修改，一有修订机会马上再改。我们是按照学术的要求去做事的，而不是为了出版而出版。

（本文原载于 2017 年 12 月 25 日《文汇读书周报》）